월수입 3,000만원
1인 비즈니스

월수입 3,000만원
1인 비즈니스

이종서 지음

홍익출판 미디어그룹

66

지식기업가는
1인 비즈니스이다.
자신만의 지식콘텐츠로
'나'라는 브랜드를 만든다.
오롯이 나를 통해
수익을 창출하기 때문에
시간과 공간에서 자유롭다.

99

Contents

평범함 속 비범함
콘텐츠와 플랫폼에서 답을 찾다

—

매일 밤 11시가 되면 메일함을 열어본다. 책을 읽은 독자, 유튜브를 본 구독자, 강의장에서 만났던 수강생들의 고민 메일이 도착해 있다.

누군가의 고민을 해결해주고 팁을 주며 지난 몇 년을 살아오고 있다. 직장생활 10년을 했지만 그 당시에는 내 고민만 해결하기에 바빴다. 누군가 만들어놓은 콘텐츠만 섭취하고 내 콘텐츠를 만들 생각은 하지 못했던 시절이다. 한 달에 한 번 입금되는 월급에만 도취돼 내 진짜 미래를 그리지 못했다.

하지만 지금은 예전보다 시간과 공간에서, 경제적으로

도 자유로운 삶을 살아가고 있다. 일을 할수록 진정한 나를 찾을 수 있는 지식기업가의 삶을 택했기 때문이다.

　개인의 영향력이 최고조에 오른 시대를 살아가고 있다. 전통적으로 연예인, 유명인사의 영향력에서 자유로울 수 없었던 평범한 사람들이 작가가 되며, 유튜브 스타가 되고, 인스타그램 인플루언서가 돼 막강한 퍼스널브랜딩을 갖춰나가고 있다. 자신의 끼, 능력, 지식, 경험을 자유로이 나타내기에 최적의 요건을 갖춘 플랫폼들이 산재해 있는 요즘이다. 이것은 경제생활을 영위할 수단을 제시할 뿐 아니라 어딘가에 속하지 않아도 인생을 꾸릴 수 있다는 자신감과 진짜 나를 찾을 수 있는 경로를 알려준다는 의미다. 필자 또한 월요병에 허덕이던 평범한 직장인에서 이 경로를 택해 진짜 자신을 찾았고 이를 온라인 플랫폼, 책, 강연에서 혹은 영상으로 나누는 경험 또한 이어나가고 있다.

　이 책은 특별하지 않아도 소소한 지식, 노하우, 경험, 취미가 어떻게 창업자본이 될 수 있는지 저자의 경험과 실무적인 내용을 체계적으로 구성해 보여주고 있다. 한 번은 조직을 떠나야 할 시기가 있다는 것은 누구나 인지하고 있다. 이를 준비하는 시기의 차이가 인생 2막의 방향을 바꿀 뿐이다. 지식창업에 대해 어디서부터 무엇을 해야 하는지 도통 감이 잡히지 않는 독자들에게 길잡이 역할을 해줄 것이다. 구체적으로 보면 이 책을 읽을 대상은 다음과 같다.

- 창업을 하고 싶지만 자본이 마땅치 않다.
- 글쓰기, 독서만으로 나를 성장시키고 수익화까지 하고 싶다.
- 자신의 지식을 전파하고 자신을 브랜딩하고 싶다.
- 직장 없이도 독자적으로 수익화할 경제능력을 갖추고 싶다.
- 시간과 공간에서 자유로운 디지털노마드가 되고 싶다.

이 책은 준비편, 실행편, 콘텐츠편, 플랫폼편, 심화편 등 다섯 개의 장으로 나뉘어 있다.

처음부터 읽지 않더라도 자신의 현재 상황에 맞게 필요한 부분부터 골라볼 수 있게 구성했다. 그리고 각 챕터 또한 작은 키워드로 엮어서 챕터별 핵심메시지를 짧은 시간 내 얻을 수 있도록 집필했다.

지난 몇 년간 지식기업가로 활동하며 주변의 많은 도움과 응원을 받았다. 책을 읽은 독자, 유튜브 구독자, 출판사 관계자, 강연에서 만난 사람들. 모두가 소중한 인연이 됐다. 이 책을 읽는 독자들 또한 뜻깊은 인연이 될 수 있기를 바라본다. 아무쪼록 이 책을 통해 자신의 진정한 가치를 느끼고 한 번쯤은 시간과 돈에서 덜 스트레스 받는 인생을 펼쳐나가기를 진심으로 기원한다.

가을이 오는 길목에서
이종서 드림

1장 X 준비편

피고용인에서
고용주가 되는 연습

01. 고민

파티션 너머 직장상사와 눈이 마주칠 때
—

"이쪽 길로 갈 것인가, 저쪽 길로 갈 것인가?"

산다는 것은 선택의 연속선상에 발을 내딛고 주위를 살피며 천천히, 때로는 날랜 걸음으로 걷는 것과 같다. 두려움과 위기는 항상 혼재한다. 선택의 기회비용이 존재하기 때문이다.

직장생활 10여 년 동안 마음 한편에 늘 두려움을 안고 있었다. 지금은 정신없이 책상에 앉아 업무를 하고 있지만 문득 '내가 이 회사를 언제까지 다닐 수 있을까?' 하는 불안감이 들곤 했다.

파티션 너머로 보이는 상사의 영혼 없는 눈빛과 한껏 풀어 젖혀진 넥타이, 업무 성과가 낮아 한직으로 발령이 난 이들의 뒷모습, 어느 날 주인은 사라지고 말끔하게 치워진 책상……

여기저기 일상적이지만 그 누구도 섣불리 언급하지 않는 공포가 눈에 들어온다. 누구보다 주어진 업무에 열심히 임해왔지만, 내 미래도 크게 다르지 않을 것 같았다.

미래에 대한 염려나 불안감보다 현재에 충실하고 오늘 수행하고 있는 업무에만 몰두했다면, 지금의 직장에서 일가를 이뤘을지도 모를 일이다. 하지만 이미 내 미래와 근접해 보이는 모습을 본 이상, 그저 눈 뜨고 가만히 앉아 있을 수만은 없었다.

나이가 들면서 찾아오는 두려움은, 직장인이라면 누구도 완벽하게 막아낼 수 없다. 직장에서의 입지가 위태해져도 비상식적인 상사에게 꾸준히 어필해야 하고, 도저히 맞지 않는 동료들이라도 끊임없이 관계를 맺어나가야 한다.

더욱이 신입사원 때와는 다르게 직급이 올라가면서 책임과 성과에 대한 압박감이 늘어나기에 두려움은 증폭이 되어 쉬이 가라앉지 않는다. 문제는 대부분의 직장인들이 이러한 두려움과 불안감이 엄습할 때 업무는 뒷전인 채, 어디 괜찮은 창업 아이템이 없을까 하고 인터넷 카페를 뒤지거나 자세히 알아보지도 않은 채 프랜차이즈창업 설명회로 발길을 돌리고 있다는 점이다. 이제껏 쌓아온 자신의 경력과 경험을 활용할 방법은 찾지 못하고, 오로지 퇴직금을 무기로만 쓰려고 말이다.

내 경우에는, 직장생활에서의 두려움이 장차 1인 지식기업가로 나아갈 수 있는 촉매제가 되었다. 누군가는 말했다. '우리가 두려워해야 할 것은 두려움 그 자체이다'라고 말이다. 나는 두려움을 떨치고 일어났고, 그러자 위기감은 기회가 되었다.

1인 지식기업가란 무엇인가? 모든 창업자에게 자신만의 상품이 있듯이 1인 지식기업가는 자신만의 지식콘텐츠를 발행하고 유통하는 사람을 말한다.

넓게 말하면 자신이 습득한 지식을 내보이고 경제활동을 하는 사람을 일컫는데 교사, 변호사, 강사, 경매컨설턴트, 작가, 칼럼니스트 등이 여기에 속한다.

또한 이들처럼 어느 전문 분야에 국한하지 않고 유튜버나 블로거로 활동하거나 온라인 카페를 운영하며 자신만의 개성 강한 콘텐츠를 만들어내는 플랫포머Platformer를 의미하기도 한다.

1인 지식기업가는 자신의 지식과 경험을 자본 삼아 경제활동으로 이어가는 기본 능력 외에도 스스로의 이미지, 즉 퍼스널 브랜딩이 얼마나 구축되어 있느냐에 따라 큰 경쟁력을 가지게 된다.

일반 창업은 자본을 기반으로 한 상품 제조와 시장 유통이 바탕이 되어야 하지만 1인 지식기업가의 자본은 경험, 노하우, 지식이다. 그래서 눈에 보이는 상품이 반드시 필요하지 않다는 점에서 일반 창업과 차이가 있다.

직장을 다니면서 느꼈던 불안감은 나에게 오히려 두려움을 이겨내고 새롭게 뭔가를 시작할 수 있는, 그리고 1인 지식기업가로 성장할 수 있는 첫 단추가 되었다.

직장 밖으로 스스로 걸어나가게 만드는 밑거름이 되었고, 누군가가 정해놓은 미래가 아닌 내가 직접 구획한 공간에서 스스로 기획한 미래를 꿈꾸게 했다. 누구나 그렇게 변할 수 있는 가능성은 충분히 가지고 있다. 만약 직장생활을 하고 있는 지금 다음과 같은 기분이 든다면 이 순간이 당신의 미래를 제대로 점검해야 할 때다.

- 일할수록 성장보다 소진되는 기분이 든다.
- 직장 밖에서 활용할 만한 업무 전문성이 없다.
- 주도적인 업무에서 제외되는 빈도가 높아진다.
- 점점 더 월급에 의존하는 삶에 스트레스가 쌓이고 있다.
- 경쟁의 심화로 회사 내에서 입지가 줄어들고 있다.

두려움과 용기는 항상 지분 싸움을 벌인다. 어느 쪽이 강하냐에 따라 발걸음이 향하는 목적지는 달라진다. 어차피 인생에 정답은 없다. 어느 길로 가더라도 어떤 목적지에 도달할지 가늠하기 어렵지 않은가. 하지만 오답이 확연히 느껴진다면 실행할 수 있는 동기는 확실해질 것이다.

그래서 더 좋아진 점이 뭐냐고? 일상에 즉각 필요한 것보다 진정으로 중요한 것들에 집중할 수 있게 되었다. 해야할 것이 적어지고, 좋아하는 것들을 더 즐길 수 있게 되었다. 무식한 단순함이라는 말처럼, 나의 잘라내기가 이제는 괜찮은 간결함으로 레벨업되면서 삶의 품격이 상향 조정되었다.

복잡한 삶을 효율적으로 만들거나 내 삶의 품격에 도움이 안 되는 것들을 제거하는 일은 단지 스마트폰 정리만이 아닐 것이다.

02. 주체

'나'를 잃어버린 채 살고 있다
———

몇 권의 책을 쓰다 보니 출판시장의 동향이 눈에 들어올 때가 많다. 서점에 가보면 심리서적, 특히 자존감 관련 서적이 눈에 띄게 많다. 마음을 치유하는 책들을 보면서 문득 궁금해질 때가 있다.

"나에게는 무엇이 중요할까? 무엇이 행복의 기준일까?"

아마 이 질문의 답을 애타게 찾는 독자들이 많아졌기에 심리 관련 책들이 유달리 많이 나온 건 아닐까? 당신은 어떨 때 행복감을 느끼는가?

- 멋진 집을 장만하게 되었을 때
- 직장에서 인정받을 때
- 하고 싶은 일에 집중할 때
- 기다리던 여행을 떠날 때
- 뜻밖의 보너스를 받을 때
- 블로그나 인스타그램에 올린 게시물로 방문자가 늘었을 때

우리는 이처럼 늘 '좋은 일'이 일어나기를 바란다. 그리고 그때 느낀 행복감만이 우리의 존재를 확인시켜주리라 기대한다. 하지만 아무리 좋은 일이 많이 일어나더라도 '나'라는 존재가 중심에 없고 오로지 타인의 행동이나 말에 의존한 채 일을 하고 있다면 행복감은 오래가지 않는다.

경제생활을 하면서도 '나'를 어디에 둘지는 반드시 생각해야 할 중요한 문제다. 우리는 일을 하는 동안 조직에 소속되어 일하든가, 조직 밖에서 일하든가 둘 중 하나를 선택하게 된다. 이때, '나'라는 중심체가 어디에 위치하느냐 하는 문제는 삶의 주체성과 연결된다.

물론 직장에 머문다고 수동적인 것도, 개인 사업체를 운영한다고 반드시 주체적인 것은 아니다. 어디에 있든 자신

의 주체성을 잃지 않고 살아가는 것이 중요하다는 뜻이다.

조직은 거대한 시계와 같다. 탁상시계는 겉으로 보기엔 하나의 물체처럼 보이지만 속을 분해해보면 크고 작은 온갖 부품들로 구성되어 있다. 시침, 분침, 기어, 톱니바퀴, 건전지까지. 서로 만날 일이 없을 것 같은 부품들이 한데 뒤섞여 있다. 시계라는 시스템이 이들을 엮어놓았기 때문인데, 그렇더라도 각각의 부품들은 개별 활동을 하고 있다.

직장도 마찬가지다. 평생 마주칠 일 없던 사람들이 '일'과 '회사'라는 시스템에 엮여 각자의 역할에 집중하고 있다. 여기서 주체적으로 일을 도모하며 자신의 커리어를 완성하느냐, 그저 월급을 담보로 하기 싫은 일을 꾸역꾸역 하고 있느냐의 차이가 발생할 뿐이다.

시침과 분침 같은 중추적인 역할을 맡아온 부품들은 다르게 보일 수도 있다. 시간을 알려주는 일이 시계의 본분이기에 가시적으로 드러난 영향력이 아주 커 보이니 말이다.

그럼에도 시침과 분침은 시계라는 틀에서 벗어나면 자신들이 가진 고유의 능력을 곧바로 상실해버린다. 따라서 다시 자신의 존재가치를 느끼려면, 또 다른 시계를 찾아 비집고 들어가야 예전의 존재감을 되찾을 수 있다.

1인 지식기업가는 시계 자체, 즉 시스템을 구축하고 만들어내는 일을 한다. 시스템을 전체적으로 관장하면서도 때로는 시침과 분침처럼 작은 부품이 되어야 한다.

만약 당신이 지식콘텐츠를 만들고 전달하는 일을 하고 싶어 한다면 온라인 플랫폼을 육성해서 자기만의 주활동지를 구축하고, 틈틈이 오프라인에서 강연을 하거나 글을 쓰며 칼럼을 생산해야 한다.

그리고 내가 어디에 있든 나를 대표할 콘텐츠, 낯선 누군가와 나를 연결해줄 플랫폼으로 부가가치를 끊임없이 생성해야 한다. 그래야 '어딘가의 나'가 아닌 '어디에서도 나'로 인정받을 수 있다.

회사에서 수많은 기획을 하고 상품이라는 결과물을 만들어냈지만, 내 이름은 온데간데없이 회사의 브랜드라는 포장지에 감싸져 세상에 나왔다. 그러니 결과물은 당연히 내 것이 아니었다.

월급을 받는 입장에서 담담히 수긍할 일이지만 당연한 이 구조를 한번은 뒤집어야겠다는 생각이 들었다. '일' 자체에 나만의 브랜드와 콘텐츠를 덧입혀 스스로 생산해내는 주체가 되겠다고 말이다.

인생을 살아가면서 100퍼센트 내 지분을 지키며 살아가기는 어렵다. 내 인생은 내 것인데도 누군가는 항상 개입한다. 환경의 영향도 받는다. 나는 열심히 했어도 회사 사정에 따라 수익을 창출하는 능력을 발휘하지 못한다면 연봉이 삭감된다.

직장상사가 잘못된 방향으로 지시하기도 하고, 일취월장 성장한 후배직원이 선배인 당신을 끌어내리려고도 한다. 당신은 현재 자신의 인생에서 스스로 몇 퍼센트의 지분을 가지고 있다고 생각하는가?

직장에서 일을 할 때도, 지금 맡고 있는 업무가 단순히 나에게 주어진 일이기에 기계적으로 임하는 게 아닌, 내 성장에 도움이 되는 일로 만들 수 있지 않을까 고민을 거듭하는 것이 필요하다.

'회사에만 국한된 일'이 아닌 '회사는 물론이고 내게도 남는 일'이어야 직장 밖에서도 살아갈 내성을 기를 수 있다. 당신의 24시간을 돌아보고, 자신의 주체성이 어디에 얼마나 발휘되었는지 살펴야 한다. 그 지분을 넓혀가는 연습이 지금의 당신에게 필요하다.

03. 대가

일하는 대가로 받는 월급의 정체성

—

합성어 '월급 루팡'은 국립국어원이 2011년 7월 1일부터 2012년 6월 30일까지 한 해 동안 각종 매체에 실린 신조어를 정리한 〈2012년 신어 기초 자료〉 보고서에 포함되어 있다. 이 말은 '월급'과 프랑스 소설의 주인공으로 도둑의 대명사인 '루팡Lupin'을 합친 단어다.

월급의 값어치에 맞지 않는 쉬운 일만 한다거나 일은 없지만 바쁜 척하는 직장인, 그리고 해야 할 일을 다른 사람에게 미루는 사람들을 일컫는다.

'월급 루팡'이 되지 않으려면 우리는 그에 상응하는 생산성을 회사에 보여주어야 한다. 회사는 효율성을 중시한다. 즉, 비용을 적게 투입하고 최대한의 생산을 이뤄내는 시스템을 구현하고자 하는 곳이다. 정년을 정해놓았다는 것 자체가 비슷한 능력을 필요로 하는 업무라면 상대적으로 연봉 지급이 적게 소요되는 직원을 택하겠다는 뜻이 아니겠는가.

포털 사이트에서 '월급'이라는 단어를 검색해보면 연관 검색어로 뜨는 것이 월급계산기, 나이별 연봉 수치, 세전 연봉 등이다. 월급에 얽힌 직장인들의 민감하고 복잡한 심정을 알 수 있다. 월급에 따라 자신의 위치를 가늠하고, 다른 이들과 비교하며 위안을 삼는다. 그렇게 자신의 능력과 입지가 연봉 수치로 결정된다고 은연중에 수긍하고 있다.

나 또한 조직으로부터 노동의 보상으로 대가를 지급받는 구조에 맞춰서 회사라는 틀에서 10년 동안 생활해왔다. 그런데 '월급을 지급받는 행위'에 익숙해질수록 훗날 직장 밖으로 나가게 되었을 때 스스로 '이익을 창출해낼 수 있을까' 하는 의문이 생기기 시작했다.

회사는 일할 수 있는 환경이 최적으로 갖춰져 있는 곳이다. 책상, 전화기, 볼펜, 파일 보관함, 복사기 등 소소한 것부터 구내식당, 휴게실 등 모든 것들이 구비되어 있다. 입사할 때 임시로 지급받았던 것들인 만큼 내 것이 아니기에 퇴사나 퇴직을 할 때 들고 갈 수 없는 것들이다.

월급도 마찬가지다. 내가 일을 하지 않으면 보수를 바랄 수 없다. 그래서 일을 그만뒀을 때 스스로 돈을 벌 수 있는 능력을 자체적으로 갖추고 있는지 점검해볼 필요가 있는 것이다.

우리는 매월 같은 날 들어오는 월급의 매력을 무시하지 못한다. 하지만 생계 때문에 어쩔 수 없이 발을 들여놓은 업무에 매몰되어 살아간다면 월급으로도 보상받을 수 없는 피곤함과 무기력함이 밀려온다. 나이가 들고 경력은 일순간 쌓일지라도 생각지 못한 요소들로 입지가 좁아질 때는 생존까지 위협받는다.

이런 경우, 직장은 더 이상 나에게 '중요한 일을 하는 곳'이 아니게 된다. 내가 '아니어도 해결될' 일, '조직의 업무'를 위임받아 이행하고 그에 대한 보수를 받는 매우 단순하고 얄팍한 관계를 이어나가게 된다.

당신이 직장인이라면 나이가 들수록 '월급이라는 외줄'

에 모든 것을 맡기는 것이 얼마나 위험한 일인지 온몸으로 실감할 것이다. 본인뿐 아니라 가족까지 같은 외줄을 잡고 있다면 그 불안감은 더욱 증폭된다.

지급받는 구조에서 벗어나 스스로 월급을 만들 수 있는 방법이 있는지는 지금부터 고민해야 한다. 퇴직 후가 아닌 현직에 있다면 더더욱 생각해야 할 적기다. 시작은 눈에 보일지라도 끝은 생각지 않을 때 찾아온다는 점을 늘 명심해야 한다.

04. 유일

1인 브랜드를 만들어가는 연습
—

'브랜드'를 일차원적인 의미에서 보자면, 기업의 판매자나 생산자가 자사 상품에 고유한 이름이나 이미지를 덧입혀 경쟁업체 상품과 차별화하기 위해 만든 인위적인 결합체이다.

초기 브랜드의 역할이 '구별'이었다면, 현대사회로 들어서면서 브랜드는 상품의 신뢰성을 올리는 수단이 되었고 단순히 기업의 제품이라는 범주를 뛰어넘어 사회문화적 상징성까지 품게 되었다.

코카콜라, 나이키, 스타벅스가 더 이상 펩시나 아디다스, 커피빈과 구별하기 위한 브랜드 상표가 아니라 각계각층의 팬덤과 라이프 스타일을 형성하는 문화 아이콘이 된 것처럼 말이다.

그런데 회사 로고, 연예인 등 소위 '이름값' 때문에 언론 매체에 오르락내리락하던 브랜드들은 블로그, 인스타그램, 페이스북 등 개방형 온라인 플랫폼의 발달과 함께 하향평준화되기 시작했다.

이제는 파워블로거들이나 유튜버처럼 일반인 인플루언서들의 개별 활동이 기업의 매출을 좌지우지하기도 하고, 스타트업 판매자들에게는 가히 가성비 좋은 홍보대사이자 희망이 되었다. 인플루언서들이 인터넷 세상에서 1인 브랜딩시대를 이끌고 있는 것이다.

1인 브랜드는 차별화, 지속성과 연관이 깊다. 지속적이고 일관된 모습을 보여줄 때 상대방에게 강력하게 인식된다는 얘기다. 유명 유튜버 '박막례 할머니'는 유쾌하고 거침없는 입담으로 일관하면서도 기존 할머니들과 차별화된 모습을 보여주며 자신만의 캐릭터를 부각시켰다. 이에 구독자들의 머릿속에 자연스레 '박막례 할머니 = 유쾌하고 거침없다'라는 브랜딩이 자리 잡게 된 것이다.

직장에서 상품기획자로 일하던 당시, 타사 대비 경쟁우위에 설 수 있는 브랜드 상품을 만들기 위해 열심히 일했었다. 눈만 뜨면 '새로운 콘셉트', '고유한 콘셉트'를 만들기에 혈안이 되었고, 야근 후 잠들기 전까지도 '어떻게 하면 이 상품이 시장에서 안정적으로 자리 잡을 수 있을까?' 하는 생각에 몰두해 있었다.

그 시절, 나는 매출을 신장시킬 만한 상품과 획기적인 결과물을 내놓아야 인정받을 기회가 생기기에 항상 결과물에 목말라할 수밖에 없었다.

더욱이 신입사원 때와는 달리 직급이 높아가고 회사가 내 인생에서 차지하는 비중이 높아질수록 문제는 더 심각해졌다. 고유한 이미지를 오랜 기간 숙성해 만들기보다 어떻게든 단기간에 '잘 팔리는', 소비자의 마음을 '훔치기에' 급급한 상품을 만들어야 한다는 마음이 앞서기만 했다.

그만큼 회사의 목표를 만족시켜야 했기 때문이다. 나뿐만 아니라 대다수의 직장인들이 살아남기 위해 선택하는 길이었다. 다른 일도 마찬가지였다.

회사를 그만두고 일을 하며 협업을 하게 된 사람들 중 아이러니하게도 직장생활 동안 거래했던 협력업체의 사람은 거의 없었다. 회사생활을 하면서 수없이 명함을 교환했지만 그들과 맺은 관계는 '나'라는 개인이 아닌, '회사'와 맺었던 계약이었기 때문이다. 내가 아닌 회사 브랜드를 필요로 했다는 사실을 나는 어이없게도 까맣게 잊고 있었던 것이다.

사실 처음 회사를 나와 이런저런 일을 시작할 때는 내가 1인 브랜드를 만들고 있다는 사실을 정확히 인지하지 못했다. 지금은 유튜브든 인스타그램이든 특정 닉네임으로 활동하고 있지만, 처음에는 어딘가에 나를 내비치는 일이 익숙하지 않고 거부감이 들기도 했다.

그런 내가 본격적으로 나를 알리기 시작한 것은 온라인 카페에서 글을 쓰기 시작한 후부터였다. 이때만 해도 내 글에 대한 확신도 없었고, 또 직장인 신분이었기에 적극적으로 활동할 수 없었다.

그래서 '무명'이라는 닉네임으로 직장생활의 스트레스와 업무 노하우에 관한 글을 조금씩 써내려갔다. 답답해하는 직장생활에 대해 거침없이 글을 썼기 때문인지 다들 공감하고, 작은 팬덤도 생기기 시작했다.

직장에 다닐 때, 매일 출근 전 두 시간씩 일찍 일어나 자기계발에 열을 올렸던 적이 있다. 그동안 차곡차곡 모았던 서평을 온라인 카페에서 공유하고, 좋은 책을 추천하면서 카페 회원들과 관계가 돈독해졌다.

매주 같은 시간에 글을 연재했기에 그 시간을 기다리는 사람들도 생겼고, 온라인 플랫폼을 옮겨도 자기계발에 관심 있는 직장인들이 함께 옮겨와 응원을 아끼지 않았다. 그 과정에서 '시간 관리에 철저하고 공부하는 독종 직장인' 이미지가 나도 모르게 형성되고 있었다.

글을 쓰면서 나만의 브랜드를 만들겠다는 거창한 목표가 있었던 건 아니다. 그저 나에게는 스트레스를 해소할 창구가 글쓰기였고, 공감해주는 사람들이 있었을 뿐이다. 하지만 꾸준히 같은 일을 반복한 결과, 나는 신문사 칼럼니스트로도 활동을 이어가게 되었다.

이처럼 무형의 콘텐츠를 다루는 1인 지식기업가에게 퍼스널 브랜드는 반드시 필요하다. 입 꼭 다물고 있으면 상대방은 절대 당신을 인지하지 못한다.

연예인이나 유명인사가 되라고 말하는 게 아니다. 단지

나의 핵심 기술과 역량이 무엇인지, 나의 능력치를 필요로 하는 사람에게 어떻게 내보일지 그 방법을 선택해야 한다는 뜻이고, 미완성이어도 나를 '표출할 브랜드'가 필요하다는 얘기다.

오랜 기간 브랜드는 자동차, 집, 명품과 같이 눈에 보이고 만져지는 구체적인 현물을 일컫는 비중이 높았다. 하지만 이제는 다르다. 자신만의 브랜드를 만들어가는 사람들이 앞장서 비즈니스의 영역을 개척하고 확장하고 있다.

비슷한 능력을 가진 사람일지라도 유튜버 구독자수에 따라 영향력이 달라지고, 유명 인플루언서가 소개한 상품은 그 어떤 광고보다 소비자들을 매혹시킨다. 이전에는 보이는 상품에 집중하던 사람들이 지금은 콘텐츠에, 그리고 콘텐츠를 가진 사람에 집중하고 있다.

1인 지식기업가에게 브랜드는 '어떠한 무엇'을 가졌느냐에 관한 문제이다. 직장에 다니면서도 자기만의 브랜드를 만들 수 있다. 지금 자신의 1인 브랜드를 고려한다면 다음 다섯 가지 질문에 답해보자.

1. 나는 주위 사람들에게 어떤 사람으로 인식되고 있는가?

2. 나는 어떤 이미지의 사람으로 기억되고 싶은가?

3. 지속적으로 상대방에게 보여줄 수 있는 나만의 강점이 있
   는가? 있다면 무엇인가?

4. 상대방에게 도움을 줄 수 있는 것들이 있는가?

5. 지속적으로 나 자신을 표현할 생산 도구를 가지고 있는가?

05. 목표

월순익 천만 원, 일하는 구조를 바라보다
—

직장인들이 바라는 상징적인 수익 수치가 있다.

"월 순수익 1,000만 원."

세금 공제 이전의 월급이 1,000만 원일지라도 어쨌든 직장인이라면 한 번쯤 막연히 떠올려보는 수치임에 틀림 없다. 직장인이면 누구나 그렇듯 나도 사원에서 대리, 과장으로 직급이 올라갈 때마다 거의 정해진 연봉 인상률에 따라 고분고분 별생각 없이 도장 찍기에 바빴다.

그러던 어느 날, 월급명세서를 보니 작년과 올해의 변동이 거의 없다는 걸 알아차렸다. 평상시와 달리 7년 차 되던 그해에는 유독 남다르게 느껴졌다.

회사 사정으로 팀 전체 연봉 동결이 결정되다 보니 내가 어떻게 할 수 있는 일이 없었다. 꿈의 숫자 '1,000만 원'을 종종 떠올리긴 했지만, 오히려 현재의 나와 동떨어진 숫자 때문에 부정적인 감정에 휩싸이기 일쑤였다.

그래서 나는 돈을 많이 벌어 저축하기를 목표로 삼기보다 바깥에서 활용할 수 있는 내 능력을 어떻게 저축할 수 있는지를 고민하기 시작했다. 사람들이 돈을 버는 구조를 들여다보며 나는 어디에 속해 있는지, 나아가 앞으로 어디에 속해야 할지를 파악해나갔다.

살면서 돈을 버는 유형은 아주 다양하다. 당신도 자신이 현재 어떤 유형에 속하고 있는지 파악하고, 어떤 유형으로 변해야 할지 생각해보는 행동이 필요하다.

첫째, 월급 받는 직장인이 있다.

이들은 직장이라는 플랫폼에 꽤 오랜 기간 상주하며 돈을 벌 수 있다. 직급, 성과에 따라 인센티브를 받을 수 있고, 그렇지 않은 경우도 많다.

얼마간은 안정된 수입을 올리며 경력을 쌓아갈 수 있다. 그러나 해고나 다른 이유로 경력 단절이 되면 단일 수익 창구였던 고정 급여는 끊긴다. 따라서 노동력을 제공하고 그에 대한 대가를 받는 일이 단절될 때를 대비하는 것이 중요한 유형이다.

둘째, 독립 프리랜서이다.

직장에서 쌓은 업무 경험으로 직장 밖 세계에 몸담게 된다. 고정적으로 나오는 월급은 사라지지만 시간은 자유롭다. 하지만 수입을 올릴 수 있는 가장 큰 관건은 '영업력'이다.

일이 들어오기만을 기다리는 프리랜서는 자금이 묶일 우려가 있고, 자연히 수동적일 수밖에 없다. 영업 또는 브랜딩을 통해 거래처를 확보하는 구조에 명확히 올라타야 업무순환이 쉬워질 수 있다.

셋째, 자영업자이다.

프랜차이즈, 편의점 등 오프라인 점포 창업주들이 대표적이다. 돈을 버는 구조로 보면 피고용인이 아닌 고용주에 해당하지만, 최저임금 인상으로 인해 부부끼리 12시간 교대로 운영하는 편의점도 많다.

직장인은 시간과 노동력을 회사에 제공하지만 자영업자는 자신의 플랫폼에 시간과 노동력을 투자한다. 겉보기에는 고용주지만 수익 상황이 열악할 경우 피고용인처럼 일하는 구조에 처하기도 한다.

넷째, 돈을 불리는 투자가가 있다.

2018년 비트코인 광풍으로 관련 기사들이 쏟아져 나왔다. 사건 사고도 많았고, 이익을 본 소수는 입을 다문 채 손해를 본 사람들의 이야기만 각종 매체를 통해 가십거리가 되었다.

비트코인뿐만 아니라 경매, 주식, 부동산 투자도 노동력 투여와 상관없이 돈을 불리는 방식이다. 공부를 열심히 하면 투자한 만큼 부를 낳을 수 있지만 스스로 통제하지 못하는 변수가 상당해서 엄청난 손해를 볼 수도 있다.

다섯째, 시스템을 복제하는 기업가가 있다.

가장 이해하기 쉬운 건 프랜차이즈 본사다. 본사는 직영점을 운영하면서 가맹 사업소를 늘리며 사업을 확장하고, 매뉴얼화된 메뉴와 인테리어 설계를 판매하는 시스템이다.

본체가 되는 시스템을 개발한 후 자가 복제로 증식하는 구조다. 한번 만들어놓은 시스템이 탄탄할수록 기하급수적으로 이윤이 늘어날 수 있다. 물론 프랜차이즈 본사의 먹튀(먹고 튄다는 뜻) 논란, 인성 논란으로 브랜딩을 어떻게 하느냐에 따라 가맹점주가 타격을 받는 일이 심심찮게 일어나는 게 아킬레스건이긴 하다.

여섯째, 1인 지식기업가가 있다.

우선 이 유형은 소속이 없다. 오히려 소속을 만들어야 한다. 글, 이미지, 영상을 기반으로 자신만의 콘텐츠를 생산한다.

전통적인 제조업은 아니지만 강연, 칼럼, 책, 블로그, 유튜브 등 온라인 플랫폼상에 콘텐츠를 누적시킨다. 강의, 강연, 칼럼, 저작물, 매체 노출 등 일을 할수록 상대방이 이미 자신이 누구이고, 어떤 능력치를 가졌는지 인지하고 찾아오는 브랜딩이 최대 강점이다.

어느 유형에서건 성공자는 있기 마련이다. 창업을 한다고 해서 직장인이나 프리랜서의 유형이 틀렸다는 게 아니다. 가는 길이 다를 뿐이다. 자신의 상황에 맞게 현재 속한 곳에서 최선을 다하고, 그에 맞는 보상을 받으면 된다.

자신이 일하는 구조 위에서 스스로가 통제할 수 있는 영역이나 범위가 얼마나 되는지 생각해보자. 직장인일 때 직접 기획한 상품이 날개 돋친 듯이 판매되더라도 내게 귀속된 상품이 아니기 때문에 가격을 함부로 정할 수도, 생산량을 조율하지도 못한다. 상품은 회사에 귀속되는 것이지 나만의 콘텐츠가 아니기 때문이다.

나는 직장인으로는 스스로 정한 목표를 이루기 힘들다는 사실을 알아차렸다. 가만히 있으면 아무 일도 일어나지 않는다. 당신의 명함에 회사와 직함을 대체할 자기만의 무엇이 있는지 생각해보라.

자기만의 콘텐츠를 가진 뿌듯함은 '뭔가 해볼 수 있겠다'는 마음을 주기에 충분하며, 당신에게 본격적으로 새로운 도전을 시작할 수 있는 밑거름이 되어줄 것이다.

06. 변화

'지식'인의 경계가 허물어지다
—

한 포털 사이트에서 '축구 드리블 잘하는 법'을 검색하면, 질문에 대한 답글이 나온다. 꽤 오래전에 달린 댓글이 있고 그 이전에도, 지금도 누군가는 같은 질문에 댓글을 달고 있다. 누구든 알고 있을 법한 '청바지 빨래하는 법'에 대한 답글도 매년 갱신되고 있다.

'이것도 모르는 사람이 있나?' 하는 의구심이 드는 질문들에도 그 지식을 아직 접하지 않은 사람들은 항상 존재한다. 그들은 답을 알고 싶어 하고, 자기 것으로 습득하고 싶어 한다.

내가 쉽게 알고 있다고 해서 상대방도 당연히 알고 있어야 할 이유도 없거니와, 내가 모른다고 해서 상대방도 몰라야 할 이유도 없다. 어딘가에 적혀 있던 지식, 그리고 누군가의 입에서 나온 지식은 계속 순환된다. 이렇게 우리는 은연중에 지식을 전파하고, 섭취하고, 그것을 바탕으로 다시 살아간다.

포털 사이트에서 답변을 하는 것은 한 분야에서 권위를 가진 학자나 교수만 가능한 일이 아니다. 답변의 권위성은 떨어지더라도 명확한 답변을 했고, 질문자의 마음에 들었다면 도움을 줄 수 있다.

반드시 자동차 전공 공학박사가 아니라도 자동차에 대해 공부를 많이 했거나 식견이 풍부하다면 자신의 지식으로 누군가에게 도움을 주고 수익도 얻는 '전문가'가 될 수 있다. 지금 우리는 이런 시대에 살고 있다.

일부 전문가 집단이 독식했던 지식콘텐츠업이 파워블로거, 팟캐스터, 유튜버, 작가, 칼럼니스트 등 자신의 고유한 지식 영역을 확보한 사람들에게로 분할되기 시작했다.

인터넷 정보가 충분히 발달하지 않은 시대에는 몇몇 전통적인 지식권위자들이 정보를 독점했지만, 이제는 그들만이 확보할 수 있는 정보의 범위와 한계가 없다. 2000년대 들어 생겨난 정리 컨설턴트, 청소 컨설턴트 같은 직업은 예전의 관점에서 본다면 지식인 집단에 속하기 어려웠다. 하지만 지식이 세분화되고 고객의 니즈도 맞춤형을 중시하는 분위기와 맞물려 어엿한 1인 지식기업가의 범주에 들게 되었다.

직장에 다니면서 나 스스로 전문가라고 생각해본 적이 한 번도 없었다. 오랜 기간 한 분야에서 공부하고 박사학위를 취득한 사람들만이 누군가를 교육할 자격이 있고, 강의나 강연을 해야 하지 않을까 하는 생각만 했다.

상품기획개발 업무를 10년 넘게 했지만, 일 자체가 스트레스만 쌓이는 허드렛일처럼 느껴졌고 타부서의 회계 업무, 인사 업무, 전략기획 업무만 대단한 것처럼 느껴졌었다.

하지만 다른 팀 동료들이 내게 말하길, 상품을 만드는 일을 하니까 직장 밖에 나가서도 밥은 굶지 않을 것이라고 했다. 웃고 흘렸지만, 그때 나는 그 말의 의미를 정확하게 이해하지 못하고 있었다.

우리 대부분은 자신이 직장에서 일하며 한 분야에서 전문가로 완성되어가고 있다는 확신을 갖기가 어렵다. 1인 지식기업 강의를 진행하는 지금도 수많은 직장인 수강생들이 자신이 5년, 10년 이상 해왔던 업무의 전문성을 인정하지 않고 자신감도 없는 경우가 많은 걸 본다.

이유가 뭘까? 그건 회사 밖의 누군가에게 자신의 능력을 내비치고 나서, 그에 따른 대가를 받는 연습과 시도를 해보지 않아서이다.

1인 지식기업가라고 하면 보통 자신만의 콘텐츠를 가진 이들을 일컫지만, 이것과 겸해 나는 지식콘텐츠를 제작해 판매하는 회사 운영을 본업으로 삼고 있다.

직장에 다니면서 내가 가진 기획력을 시중에 유통 판매하는 연습을 했고, 이것이 내가 가진 지식자본이 되었다. 이 자본을 토대로 글을 쓰고 콘텐츠를 만들다 보니 어느덧 작가, 컨설턴트, 유튜버 등으로 직업이 파생되기 시작했다.

내가 직장에 다니면서 내 업을 새로 꾸릴 수 있었던 가장 큰 이유는 틈새시장 공략이다. 일단 큰 회사가 아니면 기획팀이 없는 곳이 많다. 인사총무 관련부서도 통합되어 있고, 실무만 담당하는 직원만 상주하는 곳들이 많다. 그러다 보니 대부분 사장이 직접 전략을 짜고 영업, 심지어 회계까지 담당하니 회사 성장에 있어 고충이 많은 곳들이 적지 않았다. 나는 주로 이러한 작은 기업의 외주 기획자가 되어 눈에 보이지도 않고, 만져지지도 않는 상품을 판매하기 시작했다.

처음에는 재능기부를 하는 식이었다. 내 능력을 시험해보고 싶었고, 월급도 나오는 상태였기 때문에 굳이 수익을 낼 필요가 없었다. 우선은 내가 가진 콘텐츠와 능력이 외부의 누군가에게 도움이 되는지, 수익이 되는지 궁금했다.

내가 문을 두드리기 시작한 회사들은 주로 작은 쇼핑몰을 운영하는 회사, 작은 제조업체, 콘텐츠 판매회사였다. 요즘 많은 사람들이 도전하고 있는 분야가 쇼핑몰인데, 판매수수료도 낮고, 상위 노출에도 이점이 있는 온라인 플랫폼에 진출할 수도 있다. 하지만, 쉽게 발을 들이는 만큼 진입장벽이 낮아 경쟁 또한 치열하다.

상위 노출 전략을 모르거나 마케팅비용을 감당하지 못

하는 영세 회사들의 경우, 소비자들이 상품을 사고 싶어도 노출이 안 되니 살 수 없는 곳도 더러 있었다.

검색 카테고리를 클릭하고 판매 순위별로 나열한 후, 리스트만 뽑아도 하루에 매출이 얼마나 나오는지 가늠할 수 있었다.

나는 하순위에 랭크된 회사 리스트 100여 개를 뽑은 후 이들에게 보낼 이메일을 썼다. 이것이 내가 지식창업에 발을 들인 첫걸음이었다.

예전 같으면 이러한 생각과 행동은 꿈도 꾸지 못했을 것이다. 어떤 학위를 가진 것도 아니고, 해당 분야의 권위자도 아닌데 생판 알지도 못하는 회사에 도와준답시고 조언 메일을 보내는 것 자체가 말이 안 되는 일이었다.

그래서 나는 '미친놈 소리 듣지 않으면 다행이다'라고 생각했다. 나는 회사별로 왜 상위 노출이 안 되는지, 어떤 문제점이 있는지 그동안 내가 쌓아왔던 경험으로 기획 솔루션을 내보이기 시작했다. 돌아온 메일 답변들은 다음처럼 다양했다.

1. 수신은 했지만 답이 없는 경우.
2. '이런 광고메일 보내지 마세요'라는 무시.
3. '일단 잘 봤습니다. 그런데 이런 정보를 주는 이유가 무엇인가요?'라는 의심.
4. '저희 대표님께서 한번 만나고 싶어 하시네요'라는 호기심.
5. '다음 솔루션도 무료로 알려주실 건가요?'라는 떠보기.

1번 같은 경우 내 지식이 도움이 되었을 수도 있고, 아닐 수도 있다. 도움은 되었지만 굳이 내게 회신할 가치는 못 느꼈을 수 있으니 말이다.

2번은 아무런 이유 없이 도움을 줬다는 것에 의문이 강한 경우였을 테고, 3번은 솔루션이 괜찮았지만 역시나 의심을 품었을 경우다. 4번은 확실히 도움을 준 것 같았다. 5번은 당장 보낸 솔루션이 괜찮았지만 다음부터는 대가를 요구하지 않을까 하는 의구심이 들었기에 그러한 메일을 보낸 것이다.

나와 주로 인연을 맺은 곳들은 3번, 4번이었다. 1번, 2번은 도저히 만날 수가 없었고, 5번에게는 무한정 모든 정보를 내어줄 수가 없었다.

내가 지식기업가로 살기 위해 내보였던 것은 결국 큰 자본이 아닌, 이미 내가 가지고 있는 지식, 그리고 평소에 공부해왔던 정보였다.

그것을 한데 버무려 만들어낸 것이 '솔루션'이었다. 상품을 팔기 위해 시작한 게 아니다. 내가 가진 솔루션이 시장성이 있는지 가늠하기 위해서였다. 1인 지식기업가로 나아가기 위해서는 자신의 지식을 검증할 기회가 필요하다. 처음에는 발품에서 시작할 수밖에 없다.

지금 시대는 '지식인의 경계'가 허물어지고 있다. 더 능력 있고 권위 있는 업계 전문가와 내가 동시에 메일을 보냈다면 당연히 내 것은 사장되었을 것이다. 하지만 그들은 임금이 비싼 고급 전문가이기 때문에 영세업자들은 그들을 감당할 수가 없다.

최상위, 최고급 정보만 판매되는 시대는 지났다. 모두가 지식인이 될 수 있듯 자신의 정보를 필요한 사람들의 니즈에 맞게 잘 가공하고, 사들일 사람만 확보한다면 바로 시작할 수 있다. 이것이 1인 지식기업이다.

07. 구축

내 인생지분을 확장시켜나가는 연습
—

영화 〈더 기버: 기억전달자The Giver〉는 전쟁, 차별, 가난 없는 평등사회를 소재로 한 영화로, 참혹한 전쟁과 가난, 인종차별과 자연재해로부터 오는 고통을 모두 제거한 채 모두가 행복해질 수 있다는 커뮤니티 시스템을 구축하고, 그 속에서 살아가는 사람들의 이야기다.

여기서 인간의 감정은 불필요한 것으로 여겨져 통제대상으로 삼는다. 그리고 어느 정도 타고난 기질에 따라 직업이 정해진다. 누군가는 비행조종사로, 누군가는 간호사로 지정된다.

기득권층은 이런 커뮤니티 사회를 유지하기 위해 가족이나 출산, 혈연관계의 존재를 기억에서 지우는 약물을 투입한다. 결혼이란 개념도 존재하지 않아 커뮤니티의 가족 구성원은 시스템이 구성해주는 대로 받아들인다.

사람들은 태어날 때부터 이러한 사회를 당연한 것으로 여기며 살다가 주인공이 우연히 진짜 기억을 찾게 되며 본격적인 이야기가 전개된다.

우리는 살면서 갖가지 갈림길에 선다. 선택을 내리기도 하고, 상황에 따라서는 어쩔 수 없는 선택을 강요받기도 한다. 그 크고 작은 선택들이 모여 지금의 나를 이루고, 내일의 나를 만들어간다.

취업 준비생들은 취업 인구에 비해 몇 개 되지도 않는 소수의 대기업 문턱을 넘기 위해, 또는 공무원 시험에 합격하기 위해 비슷비슷한 스펙 쌓기에 열을 올리고 있다.

그렇게 어려운 진입장벽을 넘은 후에도 그동안 들인 학비와 노력에 비해 업무 환경이 열악하다며 번듯한 직장을 그만두기도 부지기수다.

부모가 되면 아이의 유치원을 집에서 가까운 곳으로 보낼지 고민하고, 자녀가 초등학생이 되면 학군이 좋은 동네로 이사를 가야 할지 갈등한다. 이렇게 이미 누군가 만들어놓은 집단 속에, 모두가 들어가 있는 틀에 자신을 맞추며 살아가기 급급해한다.

더욱이 어쩔 수 없이 마주칠 수밖에 없는 사회적 통념과 관습에 짓눌려 대책 없이 선택을 강요당하기도 한다. 과거보다 결혼에 대한 선택이 자유로워진 요즘에도, 여전히 비혼에 대한 우려 섞인 목소리가 많지 않은가.

물론 사회 속에서 살아가기에 타인의 시선을 의식해야 할 때도 있지만, 우리는 그저 누군가 흘러들어가는 대세 속에 지나치게 자신을 끼워 맞추고 있는 건 아닌가 하는 기분이 든다. 특히 일에 대해서는 말이다.

우리는 누군가에게 노동을 제공하고 그 대가로 돈을 지급 받는 상황에 익숙하다. 더욱이 대학 졸업과 취업은 서로 뗄 수 없는 한 쌍처럼 여겨지는 데 비해 우리는 혼자 살아갈 수 있는 자생력을 기르는 교육은 받아본 적이 거의 없다.

한 살, 두 살 나이를 먹고 취업 전선에 내몰려 어떤 조직에 속해야 성공한 인생이고, 또 그곳에 속하기 위해선 어떤 조건을 갖춰야 하는지만 배웠을 뿐이다.

특히 혼자 부가가치를 창출하는 힘을 기르기란 쉽지 않다. 한번 조직에 발을 들이면 나이가 들수록 모든 것을 회사 안에서만 생각하니 시야가 파티션 폭만큼이나 극도로 좁아질 수밖에 없다.

아이러니하게 생존하기 위해 악착같이 발을 들인 직장인데, 나 아닌 또 다른 사람에게 자리를 내어주기 위해 떠나야 할 시기는 점점 단축되고 있다.

회사의 안과 밖, 양쪽의 삶을 모두 살아보니 알게 되는 건 결국 사람은 두 가지 갈래로 인생을 꾸려나간다는 것이었다. 첫째는 누군가 정해놓은 틀과 질서에 순응해 살아가는 것이고, 나머지는 스스로 규칙과 테두리를 개척하며 살아가는 방식이다.

두 가지 방식에는 정답이냐 오답이냐의 차이도, 좋고 나쁨의 차이도 없다. 단지 길이 다를 뿐이다. 각자 방식에서 유의미한 보람을 느끼고 '살아 있다'라는 생각이 든다면 충분하다. 어떤 유형에 속하든 숨이 턱턱 막히고 인생지분이 점점 줄어들고 있다는 생각이 든다면 자신이 발을 들인 유형을 깊이 들여다보고 대책을 세울 필요가 있다.

평일 아침마다 직장상사 얼굴이 떠오르고 산더미처럼 쌓여 있는 업무에 골이 지끈거리기를 반복하는 직장인들이 대부분이다. 직무적성까지 맞지 않으면 월급에 모든 것을 걸게 되지만 스트레스 지수는 월급을 상회한다.

회사에 몸담는 기간이 길어질수록 이곳을 떠나면 '나는 누구일까?' 하는 질문에 답하기가 어려워지고 몸은 더 수그러진다. 나보다는 가족을 위해 일하게 될 때 상실감은 더욱 몰려온다. 일하면서 '살아 있다'고 느끼는 직장인이 많지 않은 이유다.

나 또한 별로 다르지 않았다. 하지만 직장에 다니며 나만의 콘텐츠로 수익을 내고 싶었고, 그 일로 발길을 돌렸을 때의 성취감은 이루 말할 수 없었다. 어딘가 조각조각 흩뿌려진 내 인생의 지분들이 한곳에 모이고, 이제 본격적으로 '나'라는 내면이 충전되고 있다는 기분이 들었다.

당시 나는 큰 자본은커녕 그동안 회사에서 얻은 지식, 경험, 노하우, 취미가 전부였다. 하지만 그런 것들이 무기가 되고 돈이 되었다.

그저 작은 노트북 하나만 있으면 그곳이 사무실로 바뀌

었고, 온라인 동영상, 유튜브 영상이 재생되는 곳이 지식상품을 출하하는 장소였다. 별도의 물류창고가 없이 노트북 상의 폴더만 가지런히 정렬해놓고 저장해나갈 뿐이었다.

　일주일 사이에 한 달 월급에 해당하는 수익을 올리기도 하고, 잠깐 만에 매출이 급감하는 등 우여곡절이 있었다. 그래도 고달프기보다는 세상 밖으로 나와 아쉬운 소리 하지 않고, 내 인생을 지키고 있다는 자부감이 강해졌다. 내 인생의 주체가 되어가고 있다는 느낌이 들었다.

　직장에서 누가 내민 업무를 처리할 때와 달리 상상하기 힘들었던 집중력이 발휘되었다. 일을 할 때 가슴이 뛰고, 누군가에게 좋은 영향을 끼치고 있다는 자부심이 온몸을 휘감을 때도 많아졌다. 바로 앞으로 이야기할 1인 지식기업가로서의 삶을 살기에 가능했다.

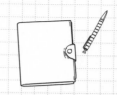

2장 X 실행편

지식창업의 자본은
돈이 아닌 경험과 지식

08. 자본

자본제로에서 시작하는 1인 지식기업의 매력
—

자본은 경제학에서 다양한 의미로 해석되는 개념이다. 익숙하게는 축적된 부, 얼마간의 화폐, 생산물을 만들어내는 데 필요한 토지, 공장 같은 생산수단을 지칭한다. 나아가 자본주의 측면에서는 더 많은 생산물을 획득하기 위해 노동력을 구매할 수 있는 '돈' 그 자체를 의미하기도 한다.

흔히 생산의 3요소를 '토지, 노동, 자본'이라고 말하는데 그중에서 자본은 창업을 할 수 있는 기본적인 밑천이자 결국 상품을 생산할 수 있는 도구와 인력을 갖추는 데 소요되는 총비용을 뜻한다.

사회적 인간으로 살아가고 있다면, 굳이 창업이 아니더라도 항상 자본과 밀접한 관련이 있는 행위를 하게 된다. 무엇인가를 얻기 위해서는 투입되는 인풋 요소가 존재하는 건 당연하다. 인풋이 있어야 아웃풋이 존재한다.

최신의 지식을 얻기 위해서는 서점에서 책을 구입해 읽어야 하니 얼마간의 '돈'이 필요하다. 멀리 사는 부모에게 아기 우유병 세척하는 법을 물어보려면 전화를 해야 하니 이때 전화요금이 발생한다. '시간'도 필요하다. 자본을 얻기 위해서는 돈이든 시간이든 노력이든 무엇인가를 반드시 내보여야 한다.

1인 지식기업도 창업의 한 종류이다. 말 그대로 '업'을 만들어내는 측면에서 해석하면, 일반 오프라인 창업보다도 '창업'이라는 단어와 가장 어울린다고 볼 수 있다.

포괄적인 의미의 1인 지식기업가에서 파생되는 직업군을 보면 작가, 강연가, 강사, 칼럼니스트, 유튜버, 온라인 플랫폼 사업가 등으로 구체화된다.

1인 지식기업가가 세상에 자신의 경험과 지식을 내보이기 위해서 먼저 투입해야 하는 것은 무엇일까? 수천만 원의 창업비용이 필요한 것일까?

직장생활을 하면서 이에 대해 끊임없이 스스로 질문했

다. 내가 하고 있는 일을 과연 직장 밖에서도 활용할 수 있을까? 아니면 직장에서만 통용되는, 퇴직이나 퇴사할 경우 회사에 반납해야 하는, 한시적이고 제한적인 업무 경험인 걸까?

답은 스스로 내릴 수밖에 없었지만, 나는 10년이 넘는 세월간 축적된 경험들을 절대 사장시키지 않을 것이라고 결심했다. 지식기업의 자본은 돈이 아닌 이미 내가 가지고 있는 축적된 경험과 지식자산 자체라고 믿었다.

하루에도 '무자본창업' 관련 스팸메일이 수없이 쏟아져 나온다. 속내를 들여다보면 대부분 무늬만 무자본창업일 뿐 소자본 유통 창업을 의미한다. 이것들은 일할수록 경험과 지식을 공유하면서 스스로 성장하는 것이 아닌, 타인의 아이템에 의존해 그 구조에 편입되어야 돈을 벌 수 있는 시스템이다. 끝없이 영업을 이어나가면서 본사에 로열티 명목으로 수수료를 내줘야 하기 때문에 도태되기도 쉽다.

직장생활 5년 차가 되었을 때, 나는 월급 외 수익을 만들고 싶어 주말시간을 할애해서 대리운전, 공사장 일용직을 해본 적이 있다. 하지만 몸도 정신도 소진되는 기분이 드는 건 어쩔 수 없었고, 그래서 더욱 보람된 일이 없을까 주위를 둘러보기 시작했다. 결국 나는 내가 가진 것을 활용하기에 이르렀고, 지식창업의 매력에 빠져들었다.

'자본제로' 상태에서 창업이 가능한 지식기업의 매력을 정리하면 다음과 같다.

첫째, 선先 자본 투자의 개념이 없기에 리스크가 적다.

창업을 한다고 하면 개발비용과 사무실 임대비, 제조업이라면 공장의 인력충원비용부터 떠올린다. 제반 시설을 갖추고 먼저 자본을 투자한 후에 회수기간을 설정해야 한다.

하지만 지식기업은 자본 투자를 먼저 하지 않는다. 할 필요가 없기 때문이다. 자신의 지식상품이 필요한 곳을 먼저 발굴한 후 상품을 만들면 된다. 자본 없이 먼저 판매하니 리스크가 적을 수밖에 없다.

20대 때에 추리소설에 빠져 추리클럽 인터넷 카페를 운영한 경험이 있다. 작가가 될 생각은 없었지만 인터넷 카페에서 나만의 추리소설 공식을 만들고, 회원들에게 피드백을 받다 보니 하나둘 내 글을 읽는 이들이 늘어났다.

그러다 추리소설 시나리오를 취미 삼아 쓰게 되었고, 사람들과 공유하기 시작했다. 나만의 스토리를 만들고 관심 있는 이들과 감상평을 나누었다. 그리고 더 나아가 반전소설 시나리오 공모전을 열고, 많은 사람들의 참여를 이끌어 냈다. 시간이 지나며 처음에는 생각지도 못했던 지식데이 터베이스가 쌓여가고 있었다.

나는 그동안 쌓아온 추리소설 콘텐츠를 개량해 게임콘텐츠 플랫폼을 운영하는 회사에 지식상품으로 판매했다. 무턱대고 상품을 만들기보다 그들의 수요를 인지하고 상품화를 계획했고, 큰 자본 투여 없이 수익을 이끌어낼 수 있었다.

상품 없이 투자 제안을 받기 위해서는 그들이 지금 '필요한' 상품을 제공해서는 큰 승산이 없다. 그러니 기억하자. 상대방은 아직 모르고 있지만, 앞으로 필요하리라 예상되는 일을 짚어줘야 반응을 효과적으로 끌어낼 수 있다.

둘째, 일을 할수록 배움의 깊이가 커진다.

작가와 강연가 활동을 하다 보니 블로그, 카페, 페이스북, 유튜브를 통해 많은 강연 요청이 들어온다. 최근 한 건설사의 요청으로 지식콘텐츠 활용법을 강연한 적이 있는데, 유튜브와 온라인 플랫폼을 활용해 수익가치를 올리고 퇴직 준비도 할 수 있는 법에 관해 이야기했다.

그 자리는 내가 직접 실행하고 결과를 냈던 방법에 대해 나누는 시간이었다. 하지만 단지 '내가 알고 있는 것을 그저 말하면 되지 않을까?'라는 생각은 독이나 마찬가지다. 지금 알고 있는 것에 살을 붙일 수 있는 것들을 끊임없이 찾고 공부하고, 업데이트하는 일이 필수다. 필요하다면 해외 논문은 물론 관련 책을 참조하고, 최신 기사도 꼼꼼히 눈여겨봐야 한다.

그러다 보면 강연 준비를 하기 전보다 자연스럽게 지식의 깊이가 깊어진다. 지식의 깊이가 깊어진다는 것은 강연 현장에서의 자신감으로도 이어진다. 아는 만큼 자신감은 커질 수밖에 없다.

누군가 억지로 공부를 시키는 것과는 차원이 다른 지식욕구가 피어오른다. 좋은 강연을 했을 때 또 다른 강연 요청으로 이어지는 것이야말로 지식기업가의 절대자본이 된다.

셋째, 시간과 공간에서 자유롭다.

노트북만 있으면 집, 카페, 공유오피스, 해외 등 어디서 든 콘텐츠를 개발하고 글을 쓸 수 있다. 어딘가 한곳에 지 속적으로 상주할 필요는 없다.

노트북을 열면 작업공간이 펼쳐지고 노트북을 닫으면 휴식시간이 보장된다. 시간의 조율자는 철저하게 전적으 로 자신이다. 누군가 설정해준 시간이 아닌, 오로지 스스로 시간을 배분할 수 있다는 데 매력이 있다.

넷째, 타인에게 선한 영향력을 끼칠 기회가 많다.

직장에서는 내가 하는 일이 누군가에게 도움이 되는지 를 모를 때가 많다. 한 달 내내 매달린 보고서, 기획서가 과 연 누구를 위해 존재하는지 의문이 들기도 하고, 쓴 지 하 루 만에 허탕을 치기도 하다 보니, 스트레스도 많았다.

지금은 온라인과 오프라인을 넘나들며 독자, 수강생, 구 독자들과 직접 만나다 보니 내가 열심히 하는 만큼 누군가 로부터 변화의 메시지를 받게 된다. 일할수록 나를 브랜딩 하게 되고 상대방에게도 도움을 주며, 그것을 통해 수익가 치도 얻게 된다.

직장에서 확고한 커리어에 대한 방향 설계가 이루어지지 않으면 나이가 들면서 불안감은 높아지고 자신감은 떨어지게 된다. 나의 커리어 유통기한이 다해갈 때 슬슬 창업 준비를 해야 할까 하고 생각하게 된다.

불안감에 쫓겨 창업 준비를 하면 시야가 좁아질 수밖에 없다. 얼마간의 투자로 쉽게 오픈할 수 있는 자본창업이 아니라 스스로 배움의 깊이가 깊어지고, 수익가치와 함께 자신과 상대방의 성장에서 더 큰 보람을 얻고 살아갈 준비를 해보는 건 어떨까? 당신의 업무 경험, 인생 경험을 되돌아보는 시도에서 삶도 다시 시작될 수 있다.

09. 배움

지식기업가의 기초근육

—

사람은 항상 무엇인가를 습득하고 배우며 살아간다. 유아기 때는 무의식중에 젓가락질하는 법을 어깨너머로 학습하고, 성인이 되면 의식적으로 배우기 위해 학교에 다니는 것은 물론이고 각종 학원에 등록한다.

우리는 그렇게 전공과 업무지식을 섭렵하고 끊임없이 확장시켜나가고자 한다. 모두들 평생 배울 수 있는 환경에 노출되어 있지만, 배움을 갈망하는 정도의 차이에 개인 간의 격차가 조금씩 벌어진다.

배움은 누군가에겐 한시적인 욕구 충족 대상일 뿐이지만, 또 누군가에겐 평생 함께할 목표를 이루는 수단이 된다. 초등학교, 중학교, 고등학교 정규교육 과정을 단계적으로 밟으며 수십 년간 배웠던 지식들이 실제 사회생활을 하는 데 얼마만큼의 도움을 주었는지는 불분명하다.

그럼에도 분명한 것은 평생 배움을 업의 기초방법으로 삼아야 한다는 사실이다. 지식기업가의 절대자본을 만들어내는 행위가 학습이고 배움이니 말이다.

사무직 직장인을 위한 교양인문서 《사무인간의 모험》이라는 책을 집필한 적이 있다. 평소 역사에 관심이 많고 나름 책을 많이 읽었지만 인문서를 써볼 생각은 엄두가 나지 않았다. 하지만 내가 단편적으로 공부한 역사지식들을 한 권의 책으로 엮는 작업은 보람될 것 같았다.

그럼에도 심리적으로 넘어야 할 벽이 있었다. 학창시절부터 성인이 되고 직장인으로 사는 동안 얻게 된 지식과 경험만으로 한정된 시간 속에서 승부를 봐야 했고, 전문 분야가 아니라고 생각한 것들에 대해서는 함구해야 하는 것에 익숙했기 때문이다.

책 한 권을 쓰려면 A4용지로 족히 90여 장의 내용을 담을 수 있어야 하는데, 과연 내가 가진 지식만으로 가능할까

걱정도 됐다. 하지만 공부와 배움이 있었기에 가능했다.

지금은 역사서를 역사학자만 써야 하는 시대가 아니다. 심리학자만 자존감을 이야기하는 시대는 한참 지났다. 태어나면서부터 특정 분야의 지식을 가지고 태어나는 사람은 없다. 학창시절을 보내며 적성에 맞지도 않지만 어쩔 수 없이 발을 들인 전공에 맞추다 보니, 한정된 영역에 묶여 스스로의 한계를 규정하는 삶을 살게 되었을 뿐이다.

직장생활에서 알게 된 것들과 새롭게 공부하며 배운 역사지식을 엮어 파피루스에 문자를 새기던 고대부터 현재에 이르는 직업인들의 삶을 담은 한 권의 책이 완성되었다. 책을 본 기업교육 담당자들이 직장인이 갖춰야 할 역사교양 강연을 의뢰해오기 시작하며, 책을 쓰고 난 후의 삶이 조금씩 변화되었다.

책이라는 지식자본을 만들어내면서 집중적으로 공부하고 또 그간 알게 된 것들을 정리하는 과정을 겪으며 그 어느 때보다 지식의 깊이가 더욱 깊어질 수밖에 없었다.

단편적으로 조각 나 있던 역사 지식의 파편들이 글을 쓰면서 한데 맞춰지고, 퍼즐이 완성되었다. 그렇게 기록한 나만의 역사책을 완벽하게 섭취한 후 이를 기반으로 강의를 하고 지식을 전파하며 더 단단해질 수 있었다.

처음에는 강사로 활동하게 되리라고는 전혀 생각하지 못했다. 앞에 나서서 이야기하는 것을 좋아하지도 않았을 뿐더러 아직은 누군가에게 말할 만큼 지식의 깊이가 있다고 생각하지 않았다.

하지만 블로그와 인터넷 카페에 써놓은 직장인을 위한 자기계발 방법과 심리에 관한 글을 보고, 도서관을 비롯한 소규모의 독서모임에서 강의 요청이 밀려들기 시작했다.

'저는 글쓰기를 좋아할 뿐 강사가 아닙니다'라며 고사하기에 바빴지만, 그저 경험을 나눠주면 된다는 이야기에 사람들 앞에 서기 시작했다. 그렇게 '강의하는 직장인'이라는 타이틀로 주말이 되면 전국을 누비기 시작했다.

한 달 강사료가 월급을 상회하는 순간이 결국 오고야 말았다. 나는 함께 병행하던 회사창업 준비까지 맞물려 1인 지식기업가의 삶에 제대로 발동을 걸었다. 야전에서 배운 강의 스킬을 보완하기 위해 테드Technology Entertainment Design

강연을 듣고, 부족한 지식은 책을 보며 틈을 메웠다. 배움은 읽는 것으로 끝나면 50퍼센트의 효과만 볼 수 있다. 80퍼센트 이상의 효과를 내기 위해서는 실행이 뒷받침되어야 한다.

모르는 분야에 움츠리지 않고 일단 다가서는 것이 중요하다. 콤플렉스로 남겨두는 게 아닌 배움의 기회로 바꿀 수 있어야 한다. 모르는 것을 방치하면 영원한 무지가 되고, 모르는 분야를 보충하면 나만의 강점이 될 테니 말이다.

10. 규모

1인 지식기업은 스몰 비즈니스

나에게는 남이 보기에 피곤해 보일 만한 습관이 하나 있다. 일을 하지 않을 때라도 새로운 가게나 점포, 협력업체들을 보게 되면 늘 이 회사가 매출을 얼마나 내고 있을까, 수익 구조는 어떻게 이루어지고 있을까를 가늠해보는 습관이다.

처음에는 지식창업 강의 수강생들에게 전반적인 창업 동향을 알려주기 위해 의식적으로 다가간 것인데, 이제는 가게를 찾을 때마다 불쑥 머릿속에 이런 생각이 떠오른다.

굳이 1년에 한두 번씩 프랜차이즈창업 설명회에 가는 이유도 이런 습관의 연장선상이다. 프랜차이즈창업을 할 것도 아니면서 왜 굳이 가냐는 의아함이 드는가? 내가 하고 있는 일과 정반대되는 업을 눈여겨볼 때 또 다른 아이디어가 샘솟을 수 있다고 믿기 때문이다.

신입사원일 때는 취업의 기쁨과 회사에 대한 충성심이 절묘하게 조합되어 월급의 맛에 심취할 수도 있다. 그러나 직급이 올라갈수록 월급의 매력은 무뎌지고 이곳에서 일가를 이룰 것인지, 또 다른 업을 준비해야 할지 생존 자체에 골몰하게 된다.

실무의 부담이 덜어진 관리자급으로 넘어가면 늘어나는 책임감과 스트레스에 더 짓눌리는 기분에 빠져, 오히려 환기가 필요함을 느낀다.

그러다 퇴근 후 돌파구가 필요하다는 생각에 창업 커뮤니티를 들락날락하게 되고, 가장 눈에 잘 띄고 온갖 휘황찬란한 프랜차이즈창업 마케팅 문구에 '내 미래를 맡겨볼까?' 하고 잠시 현혹되었다 깨어나기를 반복한다.

"회사 그만두고 내 가게나 시작해볼까?"

점심시간 직장인들이 입에 달고 사는 말이다. 하지만 우리나라에서 그저 '쉽게' 시작할 수 있는 점포 창업은 극소수에 불과하다.

10년 주기로 유행을 타는 '인형 뽑기 방'도 자본이 별로 들 것 같지 않지만, 2019년 기준 인형 뽑기 기계 1대 가격이 350만 원대에 달했다. 중고가도 180만 원 안팎으로 형성되었다. 이를 감수하고 감행한다 해도 한 대 구입으로 사업을 시작할 수 있을까? 5대만 놓아도 1천만 원에 달한다.

매출이 높든 낮든 고정적으로 소요되는 임대료는 감당이 될까? 마케팅비용도 없는데 점포 앞을 지나가는 불특정 다수에 의해 내 업을 내맡겨버리는 꼴은 아닐까?

본사나 대표의 갑질 문제로 입방아에 오른 프랜차이즈들이 많은데 가맹점주 입장은 철저히 을이 아닐까? 이처럼 정확하지 않은 수많은 정보들에 숨이 막히게 된다.

정말 사업 역량과 장사 수완이 월등해서 본사에 지급하는 로열티까지 문제없이 벌어낸다면, 오프라인 창업을 제2의 업으로 삼으면 된다.

하지만 연일 오르내리는 기사에서 알 수 있듯 퇴직은 가까워오고 쫓기듯이 할 줄 아는 것은 없으니, '할 게 없어서'라는 이유로 오프라인 점포 창업을 쉽게 시작하고 또 쉽게 폐업한다.

오프라인 점포 창업의 투자 및 수익구조를 보면 2년, 3년을 버티기가 쉽지 않은 이유가 금세 보인다. 점포 창업의 절대자본은 '자금'이다. 자금의 크기에 따라 점포 평형 수가 늘었다 줄었다 한다.

비용을 줄이는 데 혈안이 되거나 가까스로 창업자금에 맞는 대출을 받았다면, 사업이라기보다는 작은 가게를 차리는 것에 만족하게 된다. 그저 창업을 하는 것에 의의를 두었다가 버티지 못하는 경우가 발생하는데 처음부터 매몰된 선자금 때문이다.

여윳돈이 넉넉한 창업자들을 제외하고 대부분의 소상공인들은 넉넉지 못한 빠듯한 금액으로 시작한다. 그러다 보니 자금의 회전율이 낮아 자금이 묶여버리면 목돈으로 투자했던 창업 자금을 제때 회수하지 못하고, 전전긍긍하는 악순환에 빠진다.

더욱이 매달 수입이 적으면 매몰비용에 더해 매달 지출 금액이 합산되기 시작한다. 사업이 잘되는지 여부와 상관없이 지출되는 임대료, 인건비, 부대비용의 매달 결제일이 빠르게 다가온다.

지식기업의 자본은 자금이 아닌 지식의 축적과 활용이다. 불특정 다수가 지나가는 발길을 멈추고 가게 안으로 들어오기를 바라는 사업이 아닌, 필요에 의해 스스로 찾아오는 사람들과 마주하는 업이다.

특정 대상이 있기에 맞춤형 서비스가 가능하고 소비자 파악 후 서비스를 만들 수도 있다. 현재 나와 협력하는 업체들은 대부분 플랫폼 기반 회사들이다. 콘텐츠를 발행하지 못하는 여건에 있는 회사들이기에, 콘텐츠를 기획하는 나와 협력하고 수익을 나눈다.

이들과 일을 하게 된 것도 지식상품이 먼저 만들어지고 나서가 아니었다. 모든 것은 한 장의 기획서에서 시작되었다. 서로 합의가 된 후 계약 체결이 완료되면, 상품을 만드는 조건이었다.

공장에서 물건을 먼저 만들어놓고 판매할 곳을 찾는 쇼핑몰 회사가 많지만 지식콘텐츠 제작 회사는 제안을 하고 가계약이 이루어지면 상품을 만들기 시작한다. 혹여 계약이 잘못되어 파기할 상황이 오더라도 콘텐츠를 만드는 데 들어간 비용이 상대적으로 적기 때문에 손해는 적다.

집필 제안, 강연 의뢰, 온라인 강의 영상 제작요청도 마찬가지다. 책 집필을 하는 것도 콘텐츠 제작자의 입장임에도 자본을 들이지 않고 계약금과 인세를 받는다. 강연 또한 자본 투자를 먼저 하지 않고, 콘텐츠를 만들어 대중과 이야기를 나누면 그에 대한 대가로 강연비가 지급된다.

일반적으로, 생산자가 상품을 판매하면 돈을 받는 대가로 해당 상품을 상대방에게 건네야 하는 게 이치다. 편의점에서 라면을 사고자 하는 소비자가 있으면, 주인이 돈을 받는 대신 라면을 지급해야 하고 재고는 마이너스 1이 된다.

하지만 강연은 자신의 지식콘텐츠를 내보임에도 돈도 벌고, 재고는 전혀 소비되지 않는다. 오히려 일을 할수록 다른 강연으로 이어지고, 추천되고, 나 자신이 브랜딩된다. 신문사에 게재하는 칼럼 또한 비용을 받고 내 칼럼이 소개되면서 알려지는 선순환이 일어나는데도, 칼럼 재고 수가 마이너스 1이 되지 않는다.

1인 지식기업은 덩치를 키우지 않아도 자생력이 뿜어져 나오는 작은 비즈니스다. 규모는 작음에도 상대적 파급력은 엄청나다. 사무실, 공장, 생산기계 등 모든 공정을 미리 채워 넣느라 자금을 동원할 필요가 없다. 지식콘텐츠는 업데이트만 있을 뿐 재고개념이 없기 때문에 부채가 쌓이지 않는다. 스몰 비즈니스의 가장 큰 장점 중 하나는 빠른 의사결정력이다. 지금은 규모가 점차 커지면서 다른 사람들과 함께 일하고 있지만 초창기에는 모든 일의 시작과 끝이 '나'였다.

대기업에서 일할 때와는 다른 신속함으로 내게 맞는 일을 빠르게 타진하고, 아니라면 제치고 시작할 수 있었다. 의사결정이 정해진 근무시간에 한정적으로 일어날 필요도 없고, 새벽에 갑자기 눈이 떠졌을 때 마음이 동하면 결정할 수도 있었다.

산책을 하다가도 수백 킬로미터 떨어진 통영에서 열리는 강연에 참여하기로 결정하면 그만이었다. 자신의 콘텐츠에 진정성과 자신감을 가지고 시간에 상관없이 몰입하자 매일 새로운 일에 도전해볼 기회가 생겼다.

당연히 실패도 많았다. 함께하자던 협력업체들이 갑자기 돌아서거나 담당자가 바뀌어 연락이 두절되는 등 변수도 많았다. 하지만 변수 없는 사업을 바란다면 창업가로 살아가기가 쉽지 않을 것이다. 모든 것은 확률이다. 인생 또한 확률게임인데 나쁜 확률을 줄이고 좋은 확률을 높여가는 것을 알아가는 과정 또한 사업이다.

변수에 대응하는 데 익숙해지고 기회로 만들 수 있는 사람이 지식기업가로 자리매김을 할 수 있다. 작지만 강력한 기업, 내 안의 콘텐츠가 자본이 되는, 1인 지식기업은 말 그대로 강력한 스몰 비즈니스다.

프로페셔널은 자신에게 돈을 지불한 누군가를 위해 자신이 해야 할 일에 책임감을 가지고, 하루하루를 온전히 장악해 디자인할 줄 안다. 공적인 일과 사적인 일에 대한 분리에 능숙하다. 그들은 자신에 대한 긍정적 정보를 세상에 알리기 위해 노력한다. 그러니 당연히 말투부터 다르다.

당신의 말투는 어떻게 디자인되고 있는가? 그 이전에 각각의 생활 영역에서 당신이 목표한 것은 무엇인가? 세상이 나를 알아주기를 원한다면, 그에 맞는 말투로 자신을 디자인해내는 것이 기본 중의 기본임을 기억하자. 더 멋진 미래의 나를 위해.

11. 경험

먼저 경험하고 지식을 상품화하라

——

나는 '지식창업' 강의시간에 수강생들에게 경험에 대한 다음 이야기를 종종 한다.

어렸을 적 우리가 타던 자전거를 생각해보면 우리가 어떻게 경험으로 똘똘 뭉친 삶을 살아왔는지 쉽게 알 수 있다.

사람은 본능적으로 지면에서 발이 떨어지면 공포를 느낀다. 공중에 매달리거나 낙하할 때 안정감을 잃으니 당연하다. 어릴 때는 지면에서 발이 떨어지는 것이 두려워 보조바퀴가 달린 자전거부터 탄다.

처음에는 그렇게 두려움의 대상이었던 것이 하루 이틀, 그리고 1년이 지나면 보조바퀴를 떼게 된다. 이때 사람이 얻은 것은 경험 그 자체다. 경험을 사전적 의미로 풀이하면, 특정 행위를 통해서 얻게 되는 지식 혹은 깨달음이다.

자전거를 타면서 얻게 된 요령은 지식에 가깝고, 공포를 떨쳐낸 것은 깨달음에 가깝다. 이렇게 사람은 각자의 환경과 선택에 따라 천차만별의 경험을 하게 되고, 이 지식과 경험을 누군가에게 전파할 수 있는 내공을 갖추게 된다.

우리는 자신의 전공에 따라 스스로의 경로를 한정 짓는 경향이 있다. 자신이 배운 것을 활용하는 것이 가장 안전하고 유리하다고 느끼기 때문이다. 또한 능력 한계를 지금 경험하고 있는 일로만 한정하는 경우가 많다.

'회계 업무를 하니까 이 업무로만 승부를 봐야지', '인문계 출신이니 이공계 쪽은 생각도 말아야지', '인사업무를 맡아왔으니 좋든 싫든 이쪽만 바라봐야지.'

나이를 먹고 시간이 지날수록 지금 하고 있는 일의 범주에서 벗어나지 못한다. 그 일이 천직처럼 느껴진다면 좁고 깊게 몰입할 이유는 충분하다.

하지만 그렇지 않다고 생각한다면, 두루 경험해보는 것

자체로도 스스로 해낼 수 없을 것 같았던 경험의 범위를 넓혀준다. 의식적으로 분야를 정해 공부해야 하는 이유다.

나는 타인의 지식과 경험을 얻고 섭취하기 바쁜 인생을 살았을 뿐, 직접 콘텐츠를 만드는 일에는 익숙지 않았다. 듣기와 읽기를 좋아했어도, 말하기와 쓰기는 나와 상관없는 일이었다.

하지만 어느새 듣고 읽는 것은 습관이 되었고, 말하기와 쓰기는 직업상 필수적인 도구가 되었다. 소비자가 아닌 콘텐츠 생산자로 살아가고 있기 때문이다. 경험을 쌓고 누군가에게 내보이고 피드백을 받아보는 순환이 이루어지고 있는 것이다.

PC통신 시대와는 비교도 할 수 없을 정도로 본업이 아님에도 흥미를 느끼는 분야를 발전시켜 수익을 창출하는 사람들이 많아지고 있다. 생산자가 직접 모금 캠페인을 벌여 제작비로 충당하는 크라우드 펀딩 사이트에만 가도 이러한 분위기를 사뭇 느낄 수 있다.

직접 제조한 머그컵부터 옷, 반려동물용품까지 종류도

다양하다. 회사 대 개인으로 만나던 소비시장이 개인 대 개인으로 접근하는 시장으로 확대되었다. 소규모 콘텐츠 생산자들이 활발히 움직이고 있다.

모두 자신이 내건 상품의 정통한 전문가가 아니다. 본업이 있거나 이제 막 해당 분야에 뛰어든 초보들도 상당하다. 하지만 소비자도 이를 충분히 알고 있다. 대기업 브랜드만 고집하던 소비자도 그 경계선을 내려놓은 지 오래다.

그들의 상품이 시중의 것보다 더 뛰어날 것이란 기대도, 품질이 최고일 거라는 기대도 하지 않는다. 다만 판매자의 독특한 스토리텔링을 보고 캠페인에 참여한다. 상품 소비에만 급급하던 이전과 달리 누군가를 도울 수 있다는 것에 만족감을 얻기도 한다.

자신이 좋아하는 취미와 관심분야를 즐기면서도 그 경험을 상품화할 수 있다는 얘기는, 사람들의 수요를 예측하고 있다는 뜻이기도 하다. 이 점에서 지식콘텐츠는 기존의 선제조 후판매의 공식을 철저히 파괴할 수 있다.

크라우드 펀딩 사이트를 통해 소비자 수요를 미리 파악

하고, 리스크를 줄일 수 있다. 하다못해 수요가 없으면 사전 제작되지 않기에 리스크가 없다.

자신의 지식콘텐츠를 선보이기 위해서는 지금부터 관심이 가는 분야의 시장 현황을 파악해보고, 트렌드를 짚을 수 있는 부지런함이 우선이다.

누군가에게 강매를 해서도 안 되고 할 수도 없는 시대다. 진정으로 콘텐츠의 가치를 느낀 사람만이 구매하기 마련이다. 어떤 가치로 차이를 줄 것인지가 중요하다.

케이블 채널에서 두뇌예능 프로그램이 한창 인기를 끌었던 적이 있다. 고난도 퍼즐과 어려운 문제를 풀면서 1등을 가리는 프로그램이었다. 각계각층에서 대표주자로 나온 사람들이 기민함과 순발력, 수리력, 논리력으로 순위를 다투며 경쟁하는 포맷이었다.

애청자였던 만큼 시청자 게시판에 들어가 사람들의 의견을 살펴보기 시작했다. 시청자 게시판에는 '나도 참여하고 싶다'라는 내용의 비슷한 글들이 주를 이루었다. 나는 그곳에서 사람들의 욕구를 발견했다.

내 취미 중에는 보드게임이 있다. 독일에 갔을 때 보드게임 축제의 규모에 놀랐던 적이 있는데, 대규모 스포츠 경기를 보는 듯했다. 우리나라는 유아용, 교육용 보드게임이 주로 판매되지만 유럽은 중년, 노년층의 취미로 보드게임 시장의 규모가 상당하다.

관심사였던 보드게임 콘텐츠와 내가 운영하던 추리소설 카페의 자료들을 결합시켜 기존 방송사가 진행하던 대회를 벤치마킹한 후, 일반인을 대상으로 한 두뇌게임 온라인 대회를 생각했다. 그리고 주저 없이 개최했다. '참여해보고 싶다'라는 일반인들의 욕구를 충족할 콘텐츠를 선보였던 것이다.

어떤 지식콘텐츠든 수요가 있는 분야를 발견할 수 있어야 한다. 수요가 있다면 공급자가 필요하니, 발견한 당신이 공급자가 되면 된다. 전문 콘텐츠 제작자가 필요할까? 아니다. 당신이 경험하고 공부한다면 기존 전문영역을 대체할 수 있는 아이디어를 충분히 얻을 수 있다.

나 또한 포토샵, 동영상 제작에 문외한이었지만 콘텐츠 제작 프로젝트를 진행하며 자연스레 습득했다. 목표를 정하고 나면 수단은 그저 학습할 도구에 지나지 않는다.

누군가 전문적으로 콘텐츠를 발행하고 있어 엄두가 나지 않더라도, 일단 시작하면 또 누군가는 당신을 보며 엄두가 나지 않는다고 말할 수 있다. 지식콘텐츠는 경험에 의해서만 순환한다. 자신만의 색깔을 입혀 누구를 타깃으로 설정할 것인가, 어떤 가치를 줄 수 있을 것인가에서 판가름이 난다.

그러니 우선 당신이 좋아하는 분야를 탐구하라. 당신이 생각지 못했던 분야를 공부하고, 노크하고, 콘텐츠를 만들어보자. 만든 것을 내보이고 피드백 받아보는 것이 더없이 중요하다. 그리고 아래 세 가지 질문을 끊임없이 생각하고 답해야 한다.

- 충족시키고자 하는 사람들의 욕구가 무엇인가?
- 나는 어떤 가치를 건넬 수 있는가?
- 상품 자체가 아닌 가치를 판매할 수 있는가?

설령 묻고 답이 나오지 않는다면, 사람들의 목소리가 담긴 곳으로 찾아가야 한다. 이제는 직접 찾아갈 필요도 없이 인터넷만 열면 사람들의 목소리를 들을 수 있다.

아직 조건을 전부 갖추지 못한 것 같더라도 경험이 최대의 무기고 자본이다. 먼저 도전하고, 경험한 후 익숙해지면 상품화를 타진하라. 이 글을 쓰다 보니 영국 작가 조지 버나드 쇼^{George Bernard Shaw}의 다음과 같은 말이 가슴에 유독 와 닿는다. "사람들은 자신이 가져보지 못한 것의 가치만 과장한다."

12. 약점

취약점을 극복하면 지식상품이 된다
—

나만의 업을 꾸리면서 10번도 넘게 읽은 책이 있다. 나폴레온 힐Napoleon Hill의 《결국 당신은 이길 것이다Outwitting the Devil》이다. 대공황을 전후로 인생의 절망을 경험하고 지속적인 실패와 성공을 반복하며, 마침내 재기에 성공한 나폴레온 힐의 마지막 저서다.

대공황 여파로 인생의 수렁에 빠졌을 때 그는 성공으로 가는 길을 끊임없이 방해하는 요소가 자신 안에 '악마'로 존재하고 있음을 감지했다. 무언가 해내고 결과를 내려면 끊임없이 자신을 괴롭히는 내 안의 다른 존재를 이겨내야 함을 마지막 페이지까지 강조하고 있다.

자신의 인생과 업을 완성시키기 위해서는 외부의 적이 아니라 철저하게 내 안의 적을 이겨낼 때 가능하다는 얘기다. 나를 괴롭히고 남에게 내보이지 못하던 약점도 관점을 달리하면 강점이 되고, 지식상품이 됨을 일깨워준 책이다.

사람은 상대방의 현재 모습만을 기억하고, 그 모습에서 모든 걸 유추하려고 한다. 물론 사실 그럴 수밖에 없다. 지금 부자인 사람을 보면 부자의 모습으로만 판단하고, 지금 가난한 사람을 보면 가난을 의식하며 상대를 인식한다. 과거를 모르기 때문이다.

나 또한 지금의 일을 시작하기 전에는 여느 회사원과 다를 바 없는 평범한 직장인이었다. 더 거슬러 올라가보면 실패한 창업가였다. 보통 사람들은 취업을 한 후, 직장생활을 정리하고 창업을 하지만 나는 직장인이 되기 전 대학생활을 하며 쇼핑몰 창업을 했었다.

의류와 잡화를 판매하는 쇼핑몰을 시작했다. 초반 6개월 동안은 나름의 수입을 냈다. 일 년 대학 등록금을 한 달 수입으로 벌 만큼 상황이 나쁘지 않았다.

하지만 초보창업가에게 쏟아지는 수많은 투자처의 불분명한 제의와 시기, 질투 어린 주변의 부정적인 기운에 힘들어하다 섣부른 판단을 하게 되었다. 무리한 해외법인 투자로 그때까지 벌어들인 전 재산을 잃게 된 것도 모자라 1억이라는 빚까지 떠안게 되었다.

물류창고에 쌓였던 재고는 그대로 부채가 되었고, 집안 상황도 좋지 않아 발붙일 방 한 칸이 없었다. 가재도구를 모두 정리하고 고시원에서 2년간 살았다.

당시에는 사업체를 운영했다는 쓸데없는 알량한 자존심으로 아무도 모르는 공장에서 아르바이트를 하며 근근이 생활을 유지했다. 사람들의 시선이 두려워 얼굴을 가릴 수 있는 인형탈 아르바이트를 하며 겨우 생활비를 충당했다.

지금은 강의를 할 때 에피소드로 가볍게 이야기하지만 나에게는 아직도 떠올리기 쉽지 않은, 누군가에게 쉽게 말할 수도 없는 처참한 기억이다. 그럼에도 이런 취약점은 내 가장 큰 무기가 되었다. 인생에서 바닥을 쳐보니 삶에 대한 애착이 생겼고 어려운 상황에 처한 사람에게 예우와 겸손을 갖추게 되었다.

자신의 취약점을 극복한 사람이 누군가에게 강력한 메시지를 전달할 수 있음도 깨달았다. 처음부터 유명한 강사도, 작가도, 사업가였던 사람도 없다. 말하고 행동하다 보니 된 것이다. 지식창업가는 누군가 만들어 부여하는 직업 분류표의 틀에 박힌 직업이 아닌, 자신의 경험을 재료로 철저하게 스스로 만들어가는 직업이다.

내가 진행했던 지식창업 강의의 수강생이었던 한 물리치료사는 정리컨설턴트로 활동하고 있다. 경력단절 10년 차 주부는 책을 내고 공백을 메우며 커뮤니케이션 강사로 활동하고 있다.

얼마 전 '세상을 바꾸는 15분'에 출연한 사람이 기억에 남는데, 남편의 갑작스러운 사망으로 희망을 잃고 살던 40대 여성의 이야기였다. 슬픔에 잠겨만 살던 그는 오히려 자신이 행복해지는 법을 찾다 행복전도사가 되었단다.

내가 잘하고 자신 있는 분야로 직업을 꾸리는 것은 마치 일방통행과 같다. 오히려 자신의 취약하고 힘들었던 경험 자체가 지식창업가의 자산이 될 수 있다. 극복해내면 그대로 지식상품이 되니 말이다.

지식창업은 무조건 'No.1'이 될 필요가 없다. 가능하다면 'Only.1'이 되는 게 좋고, 아니라도 가능하다. 무조건 남들보다 월등한, 높은 능력의 지적 수준이 요구되지 않는다. 수요가 있고 사람들에 대한 진정성을 가지고 자신의 경험을 나눌 수 있다면 충분하다.

반드시 최고의 작가, 강연가, 메가 유튜버가 되어야 할까? 되면 좋겠지만 자신을 드러내고 스스로의 능력을 표출하는 것에서부터 시작하면 된다. '나'라는 사람 자체를 일단 세상에 드러내 보이는 것이 중요하니 말이다.

우리는 살면서 자신이 가지지 못한 것, 콤플렉스에 매몰되는 경우가 허다하다. 조금만 생각해봐도 다양한 이유들이 떠오를 것이다.

- 피부가 나쁘다.
- 말솜씨가 없다.
- 직장생활에 잘 적응하지 못한다.
- 무대공포증이 있다.
- 쓸데없는 생각이 많고 우유부단하다.
- 유머감각이 없다.

스스로 생각하기에 부족한 점을 극복하겠다고 마음먹으면, 당신도 독서법 강사, 유머스피치 강사, 대인관계 개선 강사가 될 수 있다. 강점을 내보이고 누군가에게 도움을 주는 것은 어려운 일이 아니다. 실수를 하거나 잘못된 판단을 내렸더라도 어차피 일어난 일이기에, 과거로 돌아가 고칠 수도 없다.

지금은 그것을 어떻게 무기로 활용할 수 있을지를 생각할 때다. 당신이 가진 장점이 누구나 가진 것처럼 별 볼 일 없다고 여겨진다면, 이제 단점에 눈길을 돌려보자. 지식창업가는 여기서부터 시작될 수 있다.

13. 추진

추진력이 가져오는 강력한 효과
—

추진력은 앞으로 나아가는 힘이다. 저항이 없을 때 밀고 나가는 것은 쉬운 일이다. 하지만 태풍을 맞닥뜨려 앞으로 걸어나가는 것은 여간 어려운 일이 아니다. 그럼에도 상황에 관계없이 밀어붙이는 힘이 필요하다. 이것은 지식창업자의 큰 자산이다.

자본이 필요 없는 지식창업을 하기로 했다면, 이제 이 자금을 대체할 무언가를 강구해내야 한다. 말 그대로 돈이 없으면 뛰어야 한다.

지식창업이라고 해서 지식만 가지고 노트북만 두들겨대는 디지털노마드라고 착각해서는 안 된다. 이는 사업적으로 어느 정도 궤도에 올랐을 때의 이야기일 뿐이다.

내가 지금 콘텐츠를 제작해 공급하는 협력업체 중에는 공연기획사가 있다. 이 업체와 협업하고자 했던 일은 발품, 손품이었다.

지식콘텐츠 제작 회사를 꾸리기 위해서는 시장 파악과 협력업체 발굴이 우선이다. 아무리 뛰어난 상품을 가지고 있어도 유통할 곳이 마땅치 않다면, 판로가 없는 가내수공업과 다를 바 없다.

나는 이미지와 영상을 콘텐츠화해 포트폴리오를 만들고, 공연기획사에 보냈다. 아무 생각 없이 보냈을까? 아니다. 그들의 사업구조를 면밀히 보고 필요로 할 만한 콘텐츠를 샘플로 제시했다. 초창기 창업가들의 실수를 보면 영업부터 한다는 것이 큰 문제이다. 막무가내 영업은 상대방이 무엇을 필요한지 모른 채 다가서기에 위험하다.

그것은 과일가게를 하는 사람에게 과일을 판매하려는 것과 같다. 기존 협력업체가 시연하는 것을 보면서 부족한 점이나 아쉬운 점, 개선점을 빼곡하게 적어 연락한 것이었다. 자신들이 생각지 못했던 점을 간파한 나와 팀원들은 협력업체로 손색이 없었던 것이다.

대부분의 사람들은 누군가에게 아쉬운 소리를 하는 것을 어려워한다. 무언가 제안을 하면 거절당하지 않을까 고민한다. 그렇게 시간만 속절없이 흘려보내고, 기회도 놓치고 있다.

지식콘텐츠를 제작해 유통하고자 한다면, 우선 거절에 익숙해져야 한다. 거절당한다고 큰 자본을 잃는 것이 아니다. 오히려 수정할 기회를 얻을 뿐이라 생각하라. '아, 이렇게 하면 거절될 수도 있구나.' 거절을 당하면 오기도 생기고, 문제가 보이고, 이것은 다시 추진력이 될 것이다.

출판사도 협력업체와 같다. 특히 첫 책을 쓸 당시에는 저자 이력이 없었기에 숱한 거절을 당했다. 하지만 어느 순간 몇 권의 책을 쓰다 보니 경력이 되고, 역으로 출간 제안을 받기에 이르렀다.

이 경험을 살려 책쓰기 강의를 진행했는데, 나처럼 어떻게 책을 써야 할지 고민만 하는 수강생들을 만날 수 있었다. 이렇게 내 콘텐츠를 가지고 확장해서 도전할 영역은 무궁무진하다. 당신이 하지 않을 뿐이다.

나이가 들면서 추진력은 대부분 떨어지기 시작한다. 현재에 안주하기 때문이다. 특히 직장에서 누군가 시키는 업무만 하다 보면 스스로 처음부터 끝까지 일을 해내는 내성을 기르기가 쉽지 않다.

상사가 마감기한을 정해줘야만 움직이는 경우가 많다. 그런데 세상 밖으로 나오면 채근하는 사람이 없어진다. 마감기한을 정해주는 사람도 없다. 간섭하지 않으니 세상 편할 것 같지만, 스스로 추진력이 없으면 갈팡질팡 시간 낭비에 익숙해질 뿐이다.

직장에서 싫은 업무를 꾸역꾸역하며 해내는 것은 회사에 대한 책임감이다. 월급을 받았기에 해내야 할 몫이다. 직장 밖에서 내 업을 꾸린다는 것은 나 자신에 대한 책임감이다. 이 세상에서 나를 움직이는 일이 가장 어렵고 나와의 약속이 가장 무겁다. 이 약속을 지켜내는 데 필요한 것이 바로 추진력이다. 준비를 위한 준비에 공들이지 않고 일단 던져놓고 시작해보자.

사업을 하다 보면 배울 것이 정말 많다. 회계부터 세금 관리, 거래처 관리, 콘텐츠 제작, 마케팅까지. 직장은 분업

되어 있지만 사업은 직원을 두지 않는 이상, 특히 1인 기업가는 멀티플레이어가 되어야 한다. 수익을 내는 일을 하면서도 끊임없이 학습할 수밖에 없다.

전형적인 문과 출신으로 어떤 프로그램 툴을 다루는 자체가 익숙지 않은 나였다. 하지만 필요는 배움을 끌어내고, 추진력으로 답한다. 지금은 직원이 전담하지만 영상편집이 당장 필요했던 시기가 있었다. 차일피일 미루다가는 뻔히 앞일이 보였기에, 나는 완성된 다른 사람들의 영상을 보면서 필요한 부문만 골라서 응용했다.

두꺼운 책을 사서 처음부터 차근차근 읽고 배울 시간도 없었다. 바삐 돌아가는 사업은 공무원 공부를 하듯 차례차례 순서대로 진행되지도 않았다. 완성품을 먼저 보고 필요한 것만 족집게로 집어내 나만의 완제품으로 만드는 일이 급선무였다.

대책 없이 서두르는 것과 추진력은 별개다. 서두르는 것은 목표와 대안 없이 앞이 절벽인지 아닌지도 모르고 뛰어나가는 것과 같다. 추진력은 수정을 함께 해나간다.

결과와 수정 선후 관계의 갭은 크지 않다. 하지만 그 작은 부분에서 큰 차이가 난다. 수천만 원의 자금이 들어가는 점포 창업의 인테리어 공사는 되돌리기 쉽지 않지만, 지식창업은 콘텐츠 수정에 큰 자금이 들지 않는다. 그 대신 추진력에 쏟아부어 신속함을 생명으로 얻어야 한다.

지식콘텐츠는 생명이 유한하지 않다. 트렌드가 바뀔 수도 있기에 수십 년 돌을 내리치는 석공이 아닌, 수시로 부품을 교체하는 사업가가 되어야 한다. 머릿속에 뭔가 떠오르면 바로 실행하는 '5초 법칙'을 활용하면 된다. 5초가 지나면 실행확률이 급감하기 때문이다. 지식기업가에게 추진력은 자금과 비견할 절대자본이다.

14. 발견

아이디어는 창조가 아닌 발견
——

"좋은 아이디어 어디 없나?"

    기획개발팀에 근무할 당시 귀에 못이 박히도록 들었던 말이다. 팀원일 때는 팀장으로부터 자주 들었고 팀장이 되어서도 무의식중에 입에서 떠나지 않았던 말이다. 당시 기성품을 만들어내는 과정에서 아이디어 도출은 모든 일을 시작하는 견인차 역할을 했기에 아이디어 회의는 끝없이 이어졌다.

    팀원이던 시절 회의실에 집합해 10여 명이 머리를 맞대고 아이디어를 쥐어짜는 시간은 그야말로 침묵과 비판이 오가는 고통의 시간이었다.

    팀장이 되어서는 이런 비효율적인 시간을 없애기 위해

개인 자율시간을 최대한 확보하려고 노력했지만, 보수적인 회사 분위기를 혼자 막아내기엔 역부족이었다. 그렇게 나는 항상 정보를 찾고 아이디어를 짜내야 하는 일상에 파묻혀 퇴근을 해서도 끊임없이 생각을 이어갔다.

지금은 모뎀 돌아가는 소리를 크게 울리며 PC통신을 하던 때와는 너무나 다른 시대다. 정보를 찾으려고 월드와이드웹을 찾아다니던 시대에서 이제는 정보가 상대방을 알아보고 스스로 찾아오고 있다.

스팸 정보는 걸러내지 않으면 감당하기 힘든 정도이고, 무엇이 진짜 정보인지 인지조차 하지 못하고 살아간다. 인공지능 기술을 활용한 검색엔진은 우리에게 사진, 소리, 동영상이라는 3대 콘텐츠로 변환된 정보를 제공한다.

직장인시절, 감정소모와 체력소모로 에너지가 소진된 채 풀린 동공으로 어깨를 늘어뜨린 좀비처럼 퇴근하곤 했다. 그럼에도 쉬기보다는 이렇게 하루가 저무는 것이 아까워 노트북 전원을 켜고 인터넷에 접속해 아무 생각 없이 뉴스를 보고 댓글을 읽고, 한번 밟으면 계속 터지는 지뢰밭 같은 쇼핑 링크를 타고 한없이 헤맸다. 내 인생을 살고 있는 것인지 의문을 품으며 새벽 2~3시가 되어 공허함과 함께 드러눕는 일상은 한동안 지속되었다. 회사에서 소진된 만큼 퇴근해서는 점점 생각할 여력이 없어지고 대충 배운 걸 응용하며 발전 없이 살기도 했다. 어느 순간 내 자리를 보전할 만큼만, 먼저 떠밀려나지 않을 만큼만 일하고 있는 자신을 봤다.

창업 후 나만의 콘텐츠를 만들어내는 지금은 오히려 아이디어 발상의 비중이 훨씬 커졌지만 반대로 스트레스 지수는 적어졌다. 강압된 분위기에서 쥐어짜야 할 때와 자율적인 사고의 흐름이 가능할 때의 성과는 다를 수밖에 없다. '회사 일'과 진정한 '나의 일'이라는 차이가 아이디어를 도출하는 효율성에 지대한 영향을 미쳤다.

아이디어는 '어떤 일에 관한 생각, 착상, 도출, 구상' 등을 뜻한다. 아이디어는 도출 단계에 따라 거친 원석이 가공된 다이아몬드로 바뀌는 과정이다.

즉, 시장조사를 통해 얻은 아이디어 정보에 개인의 상상

력과 가치를 주입해 완성품을 만들어낸다는 얘기다. 기존
정보에 새로운 생각을 입히는 작업이기에 아주 사소하고
보잘것없는 생각이라도 전혀 무방하다. 물고기를 잡아서
당장 바로 구워먹어도 맛있지만 나중을 위해 말린 고기로
먹기 위해 엮어놓는 것도 아이디어다.

우리 주변 세상은 생각하는 사람들에 의해 변화해왔다.
일시적이나마 일촌으로 대동단결시켰던 싸이월드, 동창을
만나게 해준 사이트 다모임, 운동하면서 음악을 듣게 만들
어준 아이리버의 MP3, 킥보드와 태블릿PC까지. 기존에 없
던 것을 만든 것은 모두 사람의 생각, 즉 아이디어에서 출
발했다.

아이디어를 생산하는 사람들은 어떻게든 세상에 영향을
끼치고 있다. 누군가 만들어놓은 울타리, 시스템 안에서 주
어진 것만 해내다 보면 혼자 생각하는 힘이 점점 적어진다.
생각할 이유를 점점 잊기 때문이다.

우리는 문화생활을 하며 즐거움을 얻는다. 연극을 재미
있게 보고 연주회에 참석하며 보드게임 카페에 간다. 이러

한 행위를 통해 별생각 없이 재미를 느끼지만 이 흥미는 누군가가 설계했기 때문에 가능한 일이다.

설계 내용을 받기만 하고 반응을 내야 하는 사람 입장이 아닌 콘텐츠 설계자 입장에 서볼 이유가 필요하다.

아이디어 발상을 현실화하고 합당한 수익도 얻고 콘텐츠 생산자가 되는 것은 특별난 사람의 이야기가 아니다. 적어도 요즘은 말이다. 아이디어를 떠올리는 것은 경직된 삶과 머리에 신선한 자극을 주는 것만으로도 시작된다. 지식 콘텐츠는 일상과 밀접해 있다. 궁금증을 충족시키거나 기존의 것을 비트는 것에서 시작한다.

예를 들면 나는 들르는 장소마다 포스터 문구를 유심히 살피는 경우가 많은데 마트, 영화관, 백화점에 갈 때마다 광고 문구를 본다.

아웃렛에서 할인 중이던 '원피스가 필요하지 않은 지금은 없다'라는 세일 문구를 벤치마킹해 내가 집필한 독서법 책의 제목,《책 읽기가 필요하지 않은 지금은 없다》에 적용하기도 했다.

처음부터 획기적인 것을 만드는 것에 주목하기보다 자신의 주변에서 답을 구해야 한다. 답을 구하기 위해 일상생활에서 의문점을 가지고 살아가는 자세가 필요하다. 직장생활을 할수록 사고가 경직되면 인생의 변화가 쉽지 않다. 어느 순간 나를 현재의 모습으로 확정시켜버린다.

누군가 만들어놓은 것만 생각하고 받아들이고 섭취하고 즐기고 살아간다면 자신도 모르는 재능이 사장되고 있을지도 모른다. 마지막으로 굳은 머리를 말랑하게 할 아이디어 구상 팁 5가지를 살펴보자.

1. 기성 방송 프로그램의 시청자 게시판에서 사람들의 욕구를 파악한다.
2. 광고 카피에서 핵심 키워드를 추출하는 연습을 한다.
3. 기업 슬로건을 벤치마킹해 카피를 만들어본다.
4. 새로운 분야의 책을 읽으며 아이디어 채집 범위를 넓힌다.
5. 유튜브에서 무료 강의 영상을 보며 지식을 습득하고 내 생각을 덧입혀본다.

3장 X 콘텐츠편

아쉬운 소리 하지 않고
자유로이 산다

15. 나의 이야기

콘텐츠가 지배하는 1인 미디어 시대

시대의 변화에 따라 산업 발전의 핵심 키워드도 변화해왔다. 1970년대는 가전과 기계 산업의 발전이 주류를 이루었고, 뒤이어 소프트웨어의 시대라고 할 수 있는 1980년대를 지나왔다. 1990년대부터는 정보통신의 급격한 발전으로 PC통신 시대를 겪었다.

그리고 2000년대 이후, 우리 생활을 관통하는 주요 키워드 중 하나가 바로 '콘텐츠'이다. 기업이 유통하는 상품이나 방송매체, 광고에나 적용되었던 이 콘텐츠의 의미가 이제는 일반인에게도 유용한 개인 자산이 되어가고 있다.

1인 미디어의 핵심 가치가 되어버린 콘텐츠. 지금 이것이 가지는 의미는 도대체 무엇일까?

일반적으로 콘텐츠는 각종 유무선 통신망을 통해 매매 또는 교환되는 디지털화된 정보의 통칭을 지칭한다. 디지털화된 가치들을 포괄적으로 가리키게 된 것이다. 인터넷이나 영화, 음악, 각종 문화매체에 유통되고 있는 유통 대상들을 통칭한다.

여기서 더 나아가 유명 연예인이나 스포츠 스타들이 구축하던 강력한 퍼스널 브랜딩 요소가 개인으로 하향평준화되면서 옮겨온 핵심적 차별화 가치라고 볼 수 있다.

콘텐츠는 바로 차별화 요소인 것이다. 사람이라면 누구나 자신만의 이야기가 있다. 하지만 오랜 기간 자신만의 이야기를 풀어내는 사람들은 극히 소수였다. TV 언론 매체에 나오는 연예인, 스포츠 스타, 재계 인사 등이었다. 대중은 이들의 이야기를 섭취하고 받아들이기에 바빴다.

이제는 온라인 플랫폼의 다변화와 함께 소비자가 생산자가 되는 시대에 살고 있다. 이제 퍼스널 브랜딩이 가진 차별화 요소는 기존 유명인의 전유물이 아닌 유튜브상의 옆집 오빠, 언니에게까지 영향이 미치고 있다.

우리나라에서 페이스북이 소셜미디어 플랫폼 시장을 석권하기 전에 유행을 누렸던 폐쇄형 SNS로 '싸이월드'가 있다. 2000년대 초반부터 수년간 싸이월드의 SNS 점유율은 최고치를 경신했다.

초기 선점 효과를 톡톡히 봤다. 하지만 현재는 인수합병한 회사와 결별하고, 임금체불 사건까지 불거져 예전 영광을 찾아보기 어렵다.

싸이월드의 실패 요인은 여러 가지가 있겠지만 폐쇄된 환경과 유료아이템 결제에 대한 부담을 꼽을 수 있다. 페이스북이나 유튜브가 활성화된 지금 입장에서 보면, 싸이월드는 우물 안 개구리와 같았다.

미니홈피 스킨부터 '미니미'라 불리는 아바타 캐릭터, 음악 등 모든 콘텐츠를 돈을 주고 결제해야 했고, 이미 만들어진 기성품을 사는 것처럼 콘텐츠 변형은 있을 수 없는 일이었다.

싸이월드 측이 만들어놓은 '완제품'을 상품으로 구매한 후 유저에게 주어진 한 칸짜리 미니홈피 안에 욱여넣는 일을 반복해야 했다. 텅 비어 있는 미니홈피는 친구들 간의 부익부 빈익빈 현상을 불러일으킬 만큼 소비욕을 자극했다.

일촌을 맺은 사람과의 관계 범위도 협소했고, 글로벌 SNS으로 가기에는 모바일 연동이 되지 않는다는 치명적인 단점까지 안고 있었다.

싸이월드의 입장에서는 엎친 데 덮친 격으로 스마트폰 보급이 시작되면서 기존 유저들까지 모바일 연동에 최적화되기 시작한 개방형 SNS에 눈길을 돌리기 시작했고, 자연스레 하향세에 접어들게 되었다.

공장에서 막 출하된 기성품을 구입하는 콘텐츠 소비자의 위치를 넘어 적극적으로 자신의 1인 콘텐츠를 발행하고자 하는 욕구가 글로벌 SNS의 유행과 함께 급속히 번져나가기 시작했다.

직장생활 7년 차를 전후로, 내가 담당한 업무에 대해 다양한 각도로 생각하는 시간을 가졌었다. 내가 지금 만들고 있는 상품개발서와 기획서가 나한테는 어떤 의미인지, 회사에게는 어떤 의미로 다가갈 것인지 고민했다.

열심히 기획서라는 콘텐츠를 발행한 대가로 회사 내 입지를 다져왔고, 월급도 받았다. 대외적으로 협력사에 보낼 제안서도 만들어 그 회사와 우리 회사의 연결고리를 만들어냈다. 그때 나는 스스로 콘텐츠를 만들어내고 있다는 자부심이 상당했다. 내가 쓴 기획서 한 장으로 수천만 원에 달하는 개발비 투자를 이끌어내곤 했기 때문이다.

하지만 시일이 지날수록 내가 하고 있는 일의 귀속 주체가 누구인지 의문이 들기 시작했다. 열심히 개발 업무에 집중했지만 내가 만든 상품에는 개발자인 내 이름 석 자가 전혀 기입되어 있지 않았다. 당연한 일이었고 수긍해야 했다.

회사 브랜드 상표가 붙어 시중에 유통되는 것에 이견을 낼 처지도 아니었다. 그럼에도 일을 할수록 콘텐츠를 만들고 싶다는 욕구는 사라지지 않았다.

그렇기에 직장을 떠나 온라인 플랫폼을 근거지로 삼으며 1인 지식기업가의 삶을 살면서 가장 속이 후련한 것은 내 마음대로 콘텐츠를 발행할 수 있다는 점이었다. 그리고 결과물의 지분 또한 모두 내 것이었다.

앞에서 사전적 의미의 콘텐츠를 얘기했지만, 1인 지식기

업가 입장에서의 콘텐츠는 쉽게 말해 '나의 이야기'라고 할
수 있다. 경험, 노하우, 지식, 취미까지 포함되는 나를 그대
로 드러내 가장 강력한 자본이자 무기로 활용하는 것이다.

나의 이야기가 콘텐츠가 되는 조건은 필요하다. 길을 가
다가 아무나 붙잡고 '내 이야기를 들어보세요!'라고 해봤
자 이상한 사람 취급을 받는다.

블로그, 페이스북, 온라인 플랫폼을 경유한 콘텐츠 유통
을 활용하거나 책 출간을 통한 불특정 다수에게 콘텐츠를
내보이는 과정이 필요하다.

이야기를 단순히 가지고 있는 것과 유통을 시키는 것과
는 큰 차이가 있기 때문이다. 이는 상대방에게 강제할 필요
도 없고 강제할 수도 없다. 브랜딩은 자연스러움과 목적에
맞는 소비욕구가 합쳐져 일어나는 것이기 때문이다.

내가 콘텐츠로 발행하고 있는 것들의 주재료는 글, 이미
지, 영상이다. 글로 책을 쓰고 작가 활동을 하고 있으며, 이
미지 콘텐츠를 제작해 협력업체와 공유하며 수익을 창출
하고 있다.

영상 콘텐츠를 제작해 유튜브로 소통하며 브랜딩 도움을 받고, 지식창업 웹방송과 온라인 동영상 강의 촬영을 통해 지식을 전파하고 있다. 동영상 제작 업체 같은 경우 스튜디오를 갖춘 플랫폼 기반 사업자이기에 콘텐츠를 가진 사람과 협업을 통해 수익을 창출해야만 한다.

그렇기에 자신이 콘텐츠를 가지고 있다면 플랫폼 기반 사업자와 수익을 나누며 마케팅이나 브랜딩 도움을 얻고 콘텐츠를 발행할 수 있는 이점을 가질 수 있다.

콘텐츠는 특정 대상의 전유물이 아니다. 특별한 경험과 능력치를 가진 사람만의 것이 아니다. 자신을 기꺼이 내보이고 꾸준히 자신의 일상을 '이야기화'할 수 있는 끈기가 콘텐츠의 가장 큰 바탕이 된다.

1인 콘텐츠 시대에 편승하기 위해서는 소중하고 특별한 경험만이 아닌, 소소하고 사소한 것에서도 콘텐츠가 시작됨을 분명히 인지해야 한다.

오늘날 블로그와 SNS를 기반으로 다양한 콘텐츠가 발행되고, 인플루언서들이 연예인 이상 가는 브랜드 파워를

뽐내고 있다. 방송국 정규 편성 프로그램만을 바라보던 소비자들이 당신과 비슷한 처지에 있는 또래 1인 콘텐츠 제작자의 이야기에 귀를 열고 몸을 움직여, 마음이 동해 지갑까지 열고 있다. 당신은 어떤 이야기를 가지고 있는가? 어떻게 그 이야기를 풀어내고 싶은가?

16. 글쓰기

글로 풀어내는 자신의 정체성
—

우리는 오감으로 보고 만지고 느낄 수 있는 자동차, 옷, 선풍기, 커튼, 신발 등 온갖 사물이 실존하는 세상에 살고 있다. 동시에 눈에 보이지 않는 세계도 체험하고 있다.

소모적이고 경쟁지향적인 직장이라는, 사회라는, 눈에 보이는 세계에서 고군분투하며 한계치까지 자신의 에너지를 갈아 넣고 밤이 되면 피곤에 지쳐 자리에 눕고 꿈을 꾸는 보이지 않는 세계에 돌입한다. 이렇게 현실적이고 추상적인 인생을 번갈아 살아간다.

모든 사람이 이 극과 극인 세상을 체험하고 있지만 이를 바라보는 사람의 관점 차이는 있다. 누군가는 잠을 잘 때만 꿈을 꾸지만 또 누군가는 깨어 있을 때에도 꿈을 꾸고 현실화해나간다. 후자에 해당하는 사람은 아이디어, 감각, 지혜를 콘텐츠로 삼아 지식화해 노출하고 세상에, 다른 사람들 눈에도 보이게끔 구현한다. 조금만 둘러봐도 이러한 사람들의 결과물을 몸소 느낄 수 있다.

자전거, 자동차, 열차, 비행기, 유모차, 컴퓨터, 휴대폰 등 모든 것들이 실제 존재하지 않았던 무형의 생각이었지만 누군가 손으로 만져지게 현실화한 것이다.

글로 콘텐츠를 만드는 것이 취미이기도 하고 업이기도 한 인생을 살아가며 항상 드는 생각이다. 출간되기 전에는 내 머릿속 상념에 불과했던 것들이 서점에서 만질 수 있는 책, 즉 현물이 되면서 현실화된다.

글쓰기야말로 결과를 가져오는 가성비 최적의 콘텐츠 제작 도구임을 느끼고 전파하고 있다. 하지만 글을 콘텐츠라 여기지 않고 시대에 뒤떨어지는 고리타분한 아날로그 도구라고 여기면 거기에서 그치고 만다.

글쓰기에 대해 어떤 생각을 가졌든 카카오톡부터 메일, 광고문구 등 우리는 항상 글에 둘러싸여 고민하며 살아간다. 막상 쓰려고 하면 어렵기도 하다. 왜일까.

받아들이는 데 익숙한 삶을 살수록 글쓰기는 쉽지 않다. 대부분 자신의 생각을 글로 정리해보는 시간을 갖는 것이 어렵다. 자기소개서와 같은 누군가에게 인정받기 위한 생존 글쓰기에 익숙해 있기 때문이다.

또 사실을 기술하는 것에 익숙할 뿐, 어떤 주제나 현상에 대한 감정과 이해를 글로 풀어내는 연습은 스스로 해본 적이 없기 때문이다. 객관식 문제에서 정답을 가려내는 데 온정신을 쏟는 것에 익숙하다.

별다른 노력 없이 글을 잘 쓰고자 하는 것은 연습을 하지 않는데 운동을 잘하고픈 마음과 같다. 수십 년간 듣고 읽는 데 익숙했다면 이젠 익숙지 않은 것을 해야 할 시대가 왔다. 쓰기와 말하기다. 그중에서도 선행되어야 할 쓰기, 여전히 어렵다면 다음처럼 다가가보자.

첫째, 글쓰기 재료는 사방에 널려 있다 생각해보자.

글을 쓸 수 있는 온라인 플랫폼은 페이스북, 온라인 카페, 인스타그램, 블로그 등 사방에 널려 있다. 더구나 돈도 들지 않는다. 비용이 0원이다.

글로 발행할 콘텐츠가 두루뭉술하게라도 생각이 든다면

두루뭉술한 자료라도 찾기 시작한다. 자료를 찾는 순간을 단순히 글감을 찾는 것이 아닌 생각을 정리하는 시간으로 활용해보자.

뭔가를 쓰기 시작했다면 축구경기를 볼 때나 영화관을 갈 때, 뒷산 산책을 할 때도 글감과 연관된 것을 찾도록 늘 주변을 유심히 관찰하자. 우연이 아닌 집중하고 의식하는 삶이 지식창업자의 기본 소양이다.

둘째, 독서는 글쓰기라는 총의 방아쇠를 당기는 힘을 준다.

장전된 총알이 있어야 적을 제압하듯 글은 아는 힘에서 탄력을 받는다. 백지와 맞닥뜨릴 때 주눅이 드는데 이는 독서로 방어할 수 있다. 세상사 모든 일은 우연과 필연의 연속이다.

나무에서 사과가 떨어져 만유인력의 법칙을 발견한 것은 우연과 필연의 연속선상이다. 원고를 쓰는 요즘도 한 줄도 쓰지 못하다가 어느새 갑자기 우연한 발상이 터져 몇십 줄씩 써내려가기도 한다. 하지만 이러한 우연 같은 일에도 머릿속에 단편 조각처럼 흩뿌려져 있는 기존의 배경지식이 없다면 불가능할 것이다.

셋째, 글쓰기의 생산적인 효과를 믿고 써보자.

역사가 변화를 거듭할 수 있었던 이유 중 하나가 기록이다. 책 속 과거의 기록을 통해 현재의 의미를 찾고 미래를 만들어간다. 지식창업자에게도 이 글쓰기 도구는 매우 생산적이다.

모든 업무를 노트북 하나로 처리할 수 있기에 가장 대표적인 수단이 이메일이며, 독자와 소통할 가교인 원고를 다듬는 일 자체가 쓰기다.

콘텐츠 제작을 업으로 하고 있는 현재도 글쓰기 비중은 압도적이다. 상세 설명 페이지에 어떻게 생산적인 글을 넣을 수 있을까 고심하는 이유다.

글쓰기를 제대로 하기 위해서는 글감을 찾고 질문하며 결과를 내놓는 과정을 반복해야 한다. 반복에 지치는 사람은 글쓰기를 자신의 무기로 만들기 쉽지 않다.

기존의 잘 만들어진 콘텐츠의 구조를 면밀히 살펴보는 것에서 시작할 수 있다. 그렇기에 글쓰기는 지식기업가 입장에서 그저 자신의 감정을 적어 내려가는 게 아닌 철저하게 생산성을 추구하는 절대 무기로 봐야 한다.

글은 만져지지 않지만, 만져지는 어떤 현물보다도 상대방을 움직일 수 있는 영향력을 가지고 있다. 잘못 사용하면 상처를 입힐 수도 있다.

자신만의 좁은 세계에 갇히지 않게 도와주는 것이 글쓰기다. 자본이 들지 않는 만큼 꾸준함이 필요한 것은 당연하다. 글쓰기를 빼놓고 지식창업자를 꿈꾸는 것은 꿈을 꾸지 않는 것과 같다.

17. 책쓰기 (1)

나만의 콘텐츠를 차별화하는 첫걸음
—

책은 내 인생에 가장 큰 영향을 끼친 것 중 하나다. 학창시절 자발적으로 책을 곁에 두지는 않았지만 나이를 먹을수록 점점 가까워졌다. 소비자의 삶에 만족하며 살 때는 책이 단순한 지식저장고일 뿐 별다른 의미를 두지 않았지만, 콘텐츠 생산자로서의 삶으로 바뀌면서 그 의미에 가중치가 더해졌다.

이제 책을 한 권 두 권 쓰다 보니 해마다 1~2권을 출간하는 것에 익숙해졌다. 기록의 의미와 부가가치를 창출하는 두 가지 양면성을 가진 책은 지식창업가에게 필수로 여겨진다.

인간의 역사는 사회문화 다방면으로 기록이 이어져왔는

데, 가장 큰 역할을 한 것이 책이다. 요즘 시대는 지식을 습득하는 경로가 다양해졌지만 책만큼 좁고 깊게 하나의 콘텐츠를 파고들어 습득할 수 있는 루트가 없다. 독자, 소비자 입장에서는 배움의 장이고 저자, 콘텐츠 생산자 입장에서는 나만의 콘텐츠 저장고를 오픈하는 것이다.

책을 쓰는 것에 부정적인 사람들의 이야기를 잠시 들어보면 자신만의 노하우를 만인에게 내보이는 것이 부담스럽다고 한다. 공유경제의 시대에 지식은 돌고 돈다. 나만의 것이라 움켜쥐고 가지고만 있다면 오히려 도태되는 시대다.

이런 면에서 책은 공유경제의 한 축을 담당하고 있다고 볼 수 있다. 책은 불특정 다수를 스스로 만나며 콘텐츠 생산자인 저자에게 생각지 못한 기회를 가져다준다.

나 또한 책을 통해 기업, 대학, 관공서, 신문사로부터 강연, 칼럼 제의를 많이 받았고 직장인일 때부터 강의를 하고 신문에 칼럼을 쓰기 시작했다.

글이 퍼질수록 또 다른 출판사에서 출간제의가 오고, 나는 그저 내 일에 집중만 하고 있었음에도 책 속에 담긴 콘텐츠들이 살아 움직이듯 부가가치를 창출해왔다.

내 책을 읽은 독자가 인스타그램에 올린 서평을 본 기업 교육담당자가 강의 의뢰를 해오기도 했다. 검증받지 않고 흩날리는 가짜 정보가 아닌, 첨예하게 압축된 책이라는 콘텐츠를 원하는 수요가 있기에 발생할 수 있는 일이다.

현재 수석코치로 활동 중인 네이버 카페에서 1인 지식기업가를 꿈꾸는 수강생들을 대상으로 '실전 책쓰기' 강의를 진행 중이다. 2019년 하반기에만 수강생 14명이 기획 투고를 한 결과, 모두 출간 계약 성사라는 기록을 세웠다.

수강생 중에는 10년 동안 별다른 경력이 없던 전업주부가 있는가 하면 백수 3년 차인 퇴직직장인까지 다양했다. 수업시간에 기획을 통해 작가의 첫 발걸음을 내딛게 된 이들을 보며 상당한 보람을 느꼈다. 특별한 능력과 경험이 없다고 좌절하는 사람들에게 책을 쓸 수 있는 기술을 조금씩 알려주다 보니 강의 요청도 점차 늘어났다.

꿈을 이루어가는 수강생들과 함께하면서 지식기업가에게 '책쓰기'는 선택이 아닌 필수라는 점을 여실히 깨달았다. 내 이름이 걸린 한 권의 책에서 예상보다 훨씬 많은 의미를 발견할 수 있기 때문이다. 책쓰기에 대한 마음가짐을 어떻게 해야 할지 답답하다면 다음의 내용을 보도록 하자.

첫째, 책을 쓰는 과정 자체가 삶의 이해도를 성숙시킨다.

몇 장 끄적거리는 낙서가 아닌 상당량의 원고를 써야 하는 책은 책임감의 무게가 있다. 단순히 내가 경험했던 일들을 기록하는 것에서 벗어나, 참고하거나 인용할 책을 읽는 것에서부터 관련된 사람들의 인터뷰를 진행하거나 찾아보는 것까지 광범위한 공부를 하게 만든다.

그렇기에 책 한 권을 쓰게 되면 쓰기 전과 후의 지식의 깊이가 놀라울 만큼 달라진다. 역사학자가 아닌 필자도 인문서를 쓰면서 많은 공부를 했고, 책을 쓴 뒤에는 원고 내용이 머릿속에 역사 연대별로 자리 잡기 시작했다.

문제를 바라보는 시야 또한 넓어진다. 이미 만들어진 지식을 배우는 것을 넘어 나만의 지식으로 다시 재배열하고 내 생각을 곁들이며, 들숨과 날숨의 하모니가 펼쳐진다. 또한 새로운 공부의 출발점이자 다른 공부로 나아갈 수 있는 힘을 축적하게 만든다.

둘째, 책은 특정 콘텐츠를 좁고 깊게 정리해주는 힘이 있다.

책과 정보가 기득권층의 특권이었던 과거와 달리 현재는 정보가 흘러넘치는 시대다. 여기저기 흩뿌려진 지식과 정보를 어떻게 결합시킬 것인가가 중요해졌다.

넓고 얕은 지식을 선호하기도 하지만, 특정 소재를 찾는 마니아층이 갈수록 다양해지는 만큼 지식기업가를 꿈꾼다면 한 콘텐츠를 깊이 있게 파고드는 책을 집필해봐야 한다.

셋째, 자신의 생각에 신뢰성을 덧입힐 수 있다.

활자에 인쇄된 글은 공신력 면에서 아주 중요한 의미를 가진다. 유명 연예인이나 정치인들이 이전에 저술한 책의 내용이 문제가 되어 비난을 받은 경우가 비일비재하다.

한번 인쇄된 글은 되돌리기가 쉽지 않다. 독자들은 책에 신뢰와 답이 있다고 생각하며 읽기 때문이다. 그렇기에 책을 집필한 저자가 강연을 하게 될 경우, 그 책임감과 공신력은 더 강해진다.

금세 잊어버릴 회식자리의 잡담이 아닌 독자들에게 문제 해결의 근본적인 솔루션을 제공할 수 있기에, 책은 저자의 말과 행동에 신뢰감을 더할 수밖에 없다.

저자 입장에서는 책이 얼굴이기에 안간힘을 써 집필 할 수밖에 없기도 하다. 이는 무거운 책임감이 아닌 나를 성장 시키고 상대방에게도 이득인 기분 좋은 책임감이다.

사람은 수세기 동안 무언가 만들고 창조하는 기쁨을 만 끽했다. 과거에도 그랬고 현재도, 미래도 마찬가지다. 책은 인류의 큰 족적을 남긴 사건과 역사를 기록하고 전파한 매 개체였다. 시간과 공간의 한계까지 허물어버렸다.

수천 년 전, 수백 년 전에 쓰인 책을 현재도 읽고 있다. 당신이 쓴 글이 오랜 세월이 흘러 누군가의 손에서 읽힌다 는 상상을 해보는 것이다. 어떤 소비재가 그렇게 오랜 시간 사람들의 곁에서 유의미하게 남을 수 있을까.

지금은 아무리 내가 가진 지식, 노하우, 경험이 깊어도 내보이기 전에는 그 누구도 자신을 인지하기 힘든 시대다. 지식큐레이터이기도 한 지식기업가가 책쓰기를 소홀히 할 수 없는 이유다.

18. 책쓰기 (2)

콘텐츠를 그릇에 담는 방법
—

자신만의 업을 한다는 것은 실물상품이든 지식콘텐츠든 시중에 유통을 한다는 것이다. 유통이라고 하면 물류센터에서 상품을 옮기는 이미지만 떠올리는데 경제생활을 하는 모든 사람은 이 행위를 하고 있다.

쿠키 쇼핑몰 업자는 과자를 유통하고, 의류 판매업자는 티셔츠나 반바지를 유통한다. 책 또한 콘텐츠를 담은 그릇으로 서점에 유통되는 지식상품이다.

책쓰기 강의를 시작한 것은 사실 내 의지에서 시작된 건 아니었다. 책을 내며 작가 활동과 회사 운영을 병행하는 동안 여러 강연을 통해 많은 사람들을 만났다.

그런데 대부분 어떻게 직장에 다닐 때 책을 썼는지를 무척 궁금해하는 눈치였다. 관련 강의가 있다면 배우고 싶다고 적극적으로 물어오는 사람도 있었다. 한두 명의 요청을 듣기 시작하며 책쓰기 강의 시장조사를 본격적으로 하게 되었고, 생각보다 많은 수요에 깜짝 놀라기도 했다.

"글쓰기 실력이 좋은 사람만이 책을 쓸 수 있나요?"

수업 중에 가장 많이 듣는 말이다. 하지만 생각해보면 비단 책쓰기뿐만 아니라 살아가는 데 있어 '기본기'가 출중한 사람은 어느 분야에서나 두각을 나타낸다.

운동을 하더라도 선천적으로 순발력이 좋은 사람은 어떤 종목이든 상대적으로 쉽게 익히고 어느 정도 성과를 내는 것과 같다.

책을 쓰고 작가가 되기 위해서 글쓰기 실력이 뒷받침되어야 하는 것은 맞다. 하지만 그것이 결정적인 부분은 결코 아니다. 맞춤법을 잘 안다고 해서, 은유나 함축적인 표현을 잘 쓴다고 해서 그것만으로 작가가 되기는 쉽지 않다.

가장 기본적인 것은 철저하게 시장 논리를 고려해서 자신의 책이 서점에 나와야 할 이유를 분석할 줄 아는 기획자의 시선이 필요하다는 것이다.

학창시절 체력장을 할 때면 100미터 달리기는 곧잘 했지만 오래달리기가 가장 취약했다. 많은 친구들이 한꺼번에 달려 나가는 경쟁 때문에 힘들었을까?

그보다는 시간이 지날수록 목표 지점은 멀게 느껴지고 혼자 외로이 뛰는 기분이 들어서가 아닐까? 초반에만 치고 나갔다가는 제풀에 지쳐 쓰러지기 일쑤였다. 글을 쓰고 책을 쓴다는 것도 어지간한 평정심과 꾸준함이 없으면 목표 지점까지 밀고 나가는 힘이 달리게 된다.

원고지에 한 글자도 제대로 쓰지 못하는 스트레스를 겪어봤다면 알 것이다. 명확한 기획과 방향 설정이 없으면 자신의 글에 확신이 없고 자신감은 떨어지며, 그러다 소리 소문 없이 노력을 멈추게 된다.

그럼에도 책은 인생에 한 번 완성해볼 필요가 있는 가치를 담고 있다. 누구나 할 수 있는 쉬운 일만 찾아다닐 것인가? 내 정체성을 확고히 다잡아주는 책은 도전의 대상이 될 만하다.

지난 몇 년간 책쓰기에 대한 고정관념을 깨기 위해 많은 사람들과 연을 맺고, 그들의 변화를 몸소 체험했다. 다음의 내용을 바탕으로 자신의 이름이 적힌 책 한 권에 도전해보는 것이 좋을 듯싶다.

첫째, 단순히 저자가 아닌 기획자의 시선을 장착하라.

기획 업무를 오랫동안 했고, 그 힘이 지금의 나로 성장시켰다. 책쓰기도 기획자 시선으로 바라보는 시장 분석이 기본이다.

책은 작가에게는 소중한 작품이지만 시장 논리로는 돈을 주고 사는 공산품 내지는 소비재다. 소비재는 소비자를 만족시켜야 한다. 투자를 받아놓고 상대방을 만족시키지 못하면 사기꾼과 같다.

자신이 좋아하는 소재가 글이 될 수는 있지만 책이 되지는 못하는 경우가 많다. 저자는 자기 자신을 위해 글을 쓰기보다 독자를 먼저 떠올려야 한다.

시중에 육아를 주제로 한 책이 많지만 콘셉트를 달리하면 무궁무진한 소재로 이어질 수 있다. 육아 중에서도 발육

법에 대해 쓸 것인지, 유아 독서법에 대해 쓸 것인지, 콘셉트는 나눌수록 대상이 첨예해진다. 큰 주제에 목말라하다가 콘셉트를 놓치지 않는 것이 좋다.

둘째, 책쓰기의 7할에 해당하는 비중이 제목에 있다.

처음에 반응이 없던 책도 제목을 바꾼 후 주목을 받게 되는 사례가 출판시장에서는 전혀 새로운 일이 아니다.

몸통에 해당하는 원고도 출중한 것이 당연하지만 얼굴에 해당하는 제목이 가장 먼저 독자와 안면을 트기 때문이다. 제목은 보지 않고 무턱대고 원고부터 뒤적이는 독자는 없기 때문이다. 출판사도 끝까지 고심하는 게 제목일 만큼, 당신도 매력적인 제목의 책을 쓴다면 예비 저자로서 경쟁력을 갖출 수 있다.

셋째, 책의 방향을 정해주는 것이 바로 목차다.

책을 쓰다가 그만두는 이유는 내가 어디로 가고 있는지 방향을 잡지 못하기 때문이다. 설령 방향을 잡았더라도 대전에서 남쪽으로만 가고 있으면 서울에 도착하지 못한다.

책쓰기 수강생들이 가장 어려워하는 부분이기도 하고,

이를 일단 넘어서면 책쓰기가 수월해지는 교차점이어서 수업시간에 가장 심혈을 쏟는 부분이기도 하다.

축구장 설계를 하는데 뼈대가 크면 축구장이 커질 수밖에 없고, 작게 설계하면 편협해질 수밖에 없다. 자신이 쏠 수 있는 그릇의 크기를 끊임없이 비교하고 자신의 것을 만들어낼 수 있어야 한다.

넷째, 단순히 글을 쓰는 것이 아닌 투자를 이끌어낸다고 생각한다.

다년간 출판사와 협력하며 원고 작업을 하다 보니 출판사 편집자의 의중을 읽게 되는 경우가 많다.

기획출판의 경우, 출판사가 출판 비용을 부담하기에 적지 않은 지출을 하게 된다. 작가나 책에 투자를 한 것이기에 이에 맞는 콘텐츠를 공유해야 한다.

책의 판권을 출판사가 관장하는 만큼 시중에 내놓을 만한 글을 써서 투자 유치를 이끌어야 한다. 당신이 누군가에게 투자를 하려는데 그에 걸맞은 어떤 콘텐츠를 원하는지 스스로에게 끊임없이 물어볼 필요가 있다. 상대방의 입장을 헤아릴 때 콘텐츠를 만들어낼 수 있다.

다섯째, 내가 쓴 글을 바라보기가 고통스럽고 마음에 차지 않는 것은 당연하다.

글쓰기에 스트레스 받으면서 결과는 없는 사람들의 공통점 중 하나가 완벽을 기하려 한다는 것이다.

맞춤법 하나, 어법 하나 틀린 것에 마음을 쓰느라 좀체 진도가 나가지 않는다. 썼다 지웠다를 반복하다 보니 자신이 무슨 글을 써야 하는지도 헛갈려하고 다시 원점으로 돌아온다. 어떻게 해야 할까?

평생 한 번에 완벽한 글을 쓸 것이란 기대는 내려놓고 글을 쓰되 수정으로 보완하는 것이 빠르고 현명하다. 지식 기업가에게는 세상에 자신을 내보일 증명서가 필요한데, 책이 그 증명서의 한 종류임을 잊지 말자.

수년간 한 분야에서 일을 했어도 공허함이 든다면 당신의 능력을 압축할 시점이 온 것이다. 특별한 능력이나 스펙이 없을수록 책쓰기에 매진한다면 자신만의 콘텐츠가 된다.

요즘 시대는 넓고 얕게 흩뿌려진 자격증보다는 자신만의 첨예한 콘텐츠가 필요한 시대다. 같은 노력을 해도 눈에 보이고 만져지고 자신의 이름까지 남는 노력에 다가가보면 어떨까? 끈기와 열정, 성취감의 집합체인 책쓰기를 통해 당신은 지식기업가에 한 걸음 더 가까워질 수 있다.

19. 관계

상대방과 공감하는 마음, 진정성

번화가 근처에서 흔히 볼 수 있는 광경이 있다. 오피스텔 분양 전단지를 나눠주는 알바생들과 손사레를 치며 지나가는 행인들의 모습이다. 오피스텔 분양에 관심 있는 사람이라면 받아볼 수도 있겠지만, 대부분은 그냥 지나친다.

사람들은 가치 있는 것을 원한다. 정확히는 자신에게 유익한 가치를 얻기를 원한다. 자신의 상황이나 상태를 나아지게 만들어주는 가치는 스스럼없이 받아들인다.

시간이 없지만 탁구만큼은 배우려고 하는 사람에게 배드민턴 레슨 할인을 해준다고 해도 귀에 들어오지 않는다. 정보나 지식 자체의 가치등급보다 사람 스스로 매기는 가치등급에 의해 같은 정보라도 귀해지거나 버려진다.

먼저 느끼고 실행했던 경험 자체를 누군가에게 도움이 되는 정보로 탈바꿈시키는 일은 본인에게는 작은 경험일 지라도 누군가에게는 인생의 방향을 정할 지침을 제공하는 일이 될 수도 있다.

나는 유튜브 '작가 글리쌤TV'를 운영하며 1인 창업과 심리 공부에 대해 이야기 나누며 수많은 우울증 환자와 무기력에 지친 사회초년생, 주부, 퇴직자들의 고민사연을 받아왔다. 그들의 사연을 읽고 고민을 덜어주고, 또 그것을 몇 시간이 걸리더라도 영상으로 제작했다. 누군가는 이 영상으로 인해 다시 힘과 용기를 얻었음을 알고 보람을 느꼈다.

직장인으로서 상사나 고객의 영향 아래 수동적인 인생을 보낼 때보다 누군가에게 소소한 영향이라도 끼칠 수 있음에 감사한 마음이 커져갔다.

여기에 오직 수익만을 목표로 그날 매출을 헤아려보는 일반 창업과 다른 지식기업만의 매력이 있다. 업에 진심이 묻어나면 타인의 믿음과 변화를 이끌 수 있다. 수익은 자신에 대한 신뢰와 변화의 값이다. 이 세상 모든 사람은 자신이 가진 신뢰의 몫만큼 돈을 번다.

직장인은 회사가 믿고 일을 맡기는 만큼, 사업은 거래처가 사장을 믿고 맡기는 만큼 누군가로부터 신뢰를 얻어야 경제생활을 해나갈 수 있다. 이런 관점에서 지식기업가는 무료정보라고 하더라도 유료정보에 필적할 만한 도움을 담아야 한다.

인류 역사는 수없이 많은 문제를 해결하며 변화해왔다. 문제에 휩싸여 고민하는 사람들이 존재했고 이들을 돕는 사람들이 존재했다. 이 구조는 어떤 역사가 펼쳐지든 바뀔 수 없다.

돈을 주고 빨리 이동하기 위해 택시가 존재하고 전단지를 뿌리는 대신 손쉽게 고객과 만날 수 있는 배달앱이 성행했다. 돈, 창업, 패션, 공부법, 자동차 관리, 다이어트, 요가, 명상, 운동 등 모든 분야에는 문제가 벌어지고 있고 해결사도 존재한다.

이 해결사의 존재감은 예전보다 하향평준화되었다. 학위, 스펙이 뛰어난 기존 전문가들이 권위의식에 사로잡혀 수많은 대중을 상대하는 시대에서 벗어나고 있다.

한 분야에서 'No.1'인 사람만 원하지 않는다. 콘텐츠 생산자 입장에서는 이제 'No.1'이 아닌 'Only.1'인 사람이 되어야 하는 시대인 것이다.

창업에서 불변의 법칙은 있다. 내 상품의 소비가 끊이지 않으면 망할 수가 없다. 매출이 광고를 할 때만 올랐다가 광고가 끊기면 가라앉는 전형적인 광고 의존 기업은 불안정할 수밖에 없다. 함께 유대감을 나누는 소비자가 없기 때문이다.

가령, 침대를 사기 위해 우연히 들른 매장에서 만난 직원과의 유대감은 오래가지 못한다. 딱 그 한순간뿐이다. 하지만 비싼 히트상품만을 사라며 내보이기에 앞서, 소비자가 원하는 필요성까지 간파해 실용적인 팁을 주는 직원이 있다면 어떨까? 소비자의 마음은 어떻게 움직일까?

끼워주기 식으로 필요에 의해 돈을 주고 사지 않을 것을 1+1로 전해준다고 상대방은 고마워하지 않는다. 내 이야기에 깊이 공감하고 함께 해결해나가려는 자세와 마음가짐이 어떤 창업을 막론하고 롱런할 수밖에 없다.

상대방으로 하여금 자신이 중요한 사람이라는 것을 느끼게 할 때 유대감이 형성된다. 이러한 마음은 기계적으로 대응해서는 만들어낼 수 없는 것들이다.

소비자일 때는 주로 얻기만을 바란다. 하지만 생산자가 될 때는 무엇을 더 줄 수 있을까 고민해야 한다. 지식기업은 이처럼 디지털 시대의 속성뿐 아니라 아날로그적 특성과 표현에도 민감하게 대응하는 것이 필요하다. 로봇을 상대로 일을 하지 않는 이상 사람의 마음을 탐구하는 것이 관계를 들여다보는 힘이다.

20. 말하기

강의력은 1인 기업가의 최종 경쟁력
—

사람은 의사소통 방식을 크게 4가지로 구현한다. 읽고, 듣고, 쓰고, 말한다. 읽고 듣는 것이 받아들이는 행위라면, 쓰고 말하기는 전달하는 행위다.

쓰기가 내 콘텐츠를 압축하고 정리하는 것이라면 말하기는 정리된 것을 건네는 과정이다. 좋은 콘텐츠를 가지고 있어도 상대방에게 인지시키는 과정이 필요한데 쓰기보다 직접적인 것이 말하기다. 말하기는 읽고 듣고 쓰는 단계의 최종 종착지이자 콘텐츠 발행을 위해 다시 처음으로 돌아가는 반환점이 된다.

어릴 때, 말하기는 두려움의 대상이었다. 사람들 앞에 서서 내 생각을 표현하는 것이 그렇게 고역일 수 없었다.

하지만 한 치 앞도 가늠할 수 없는 것이 인생인 것처럼 지금은 말을 하고 이야기를 건네는 것이 삶의 활력소가 되었다. 강의장에서 말을 할수록 에너지가 솟고 나의 정체성을 확인하게 된다.

직장생활이 나를 지치게 한 것은 다른 사람의 말을 받아들이는 데 익숙할수록 입은 다물게 되고 내 입지가 작아지는 기분 때문이었다. 그럼에도 내 콘텐츠를 마련해 온라인 플랫폼 8개를 한꺼번에 운영하며 글쓰는 직장인으로 조금씩 알려지기 시작했다.

그저 내가 쓰고 싶은 글을 썼음에도 마치 씨 뿌리기처럼 여기저기 산재해 있던 내 글을 본 사람들이 오프라인에서 이야기를 듣고 싶다는 요청을 해왔다.

자기계발 모임 운영자, 지역 도서관 담당자, 강연기획 업체 등의 요청으로 미처 생각할 틈도 없이 강연을 시작하게 되었다. 그렇게 직장생활을 하면서 약 3년 동안 회사생활, 창업 실패의 경험, 조직생활에서 얻은 대인관계술, 콘텐츠 기획력을 강의로 나누게 되었다. 쓰기도 만만치 않은 일이라는 걸 알았지만, 막상 시작해보니 말하기는 그야말로 실전이었다. 쓰기는 글이 나오지 않을 때 잠시 시간을 두고 다시 시작할 수 있지만, 말하기는 달랐다. 강의장에서 멍하니 1분 이상 멈춘다면 그건 사고다.

프로젝터가 작동되지 않아 PPT 자료 없이 즉흥적으로 강의를 했던 첫 경험은 지금 생각해도 아찔하다. 수년이 지난 지금은 그런 일이 일어나도 당황하지 않지만 늘 이런 상황을 대비해 실전이라고 생각하고 강의에 임한다.

강사로 막 활동을 시작했던 초기에, 직장인 시간 관리에 관한 이야기를 나눌 자리가 있었다. 자기계발 모임 운영자가 마련한 자리였다.

그런데 재능기부 강의이다 보니 약속된 강사가 나타나지 않는 바람에 전날 강연 참여자가 처음의 반도 안 된다는 사실을 통보받았다. 김이 빠졌다. 서울에서 천안까지 왕복하는 시간과 차비는 감수하더라도 내가 과연 열정적으로 말을 할 수 있을까 하는 고민이 들었다.

그래도 일단 해보자 하는 마음으로 기차에 올라탔다. 몇 안 되는 인원 앞에서 마이크도 필요 없이 대화하듯 이야기를 한 그때의 기억이 생생하다. 하지만 인연은 참석자가 몇

명이냐가 중요하지 않다. 그때 만났던 직장인들 중에는 지금도 소통하며 서로의 고민을 나누는 사람들이 많다.

현재 나는 지식기업가가 되고 싶은 수강생을 대상으로 스피치 교육을 진행하고 있다. 뛰어난 기성 강사들이 훨씬 많지만, 야전에서 뛰고 구르며 체득한 강의력에 한해서는 자신이 있기 때문이다. 아래는 수강생들에게 강조하는 지식기업가가 갖춰야 할 강의력에 대한 원칙들이다.

첫째, 말할 기회가 있든 없든 항시 준비해야 한다.

충분히 진행할 수 있는 강의라 할지라도 갑작스럽게 연락이 오는 경우 수락을 해야 할지 갈등하는 경우가 생긴다.

초보 강사들의 가장 큰 실수가 당장 기회가 없다고 여겨 콘텐츠를 미리 준비하고 꾸려놓는 데 인색하다는 점이다. 강연 기회는 언제 어떻게 올지 모른다. 당장 내일의 강의를 오늘 요청하더라도 단번에 달려갈 수 있는 사람이 신뢰를 얻기에 더 유리하다.

둘째, 단 한 사람도 청중이다.

강의라고 다소 거창하게 말하고 있지만 사실 강의장에

서 일어나는 일의 대부분은 대화다. 수백, 수천 명의 청중이 가득하면 사진 찍는 맛도 날 수 있겠지만 강의는 결국 단 한 사람의 마음을 움직이려고 대화하는 것과 다름없다.

사람이 아무리 많아도 쫓기듯 말을 끝내고 강단을 내려와 얼마가 입금될 것인지 계산기부터 두드리는 건, 단순 말하기 노동 그 이상도 그 이하도 아니다.

셋째, 청중과 감정선을 공유하라.

강단에 서면 은연중에 비춰지는 눈빛만으로 그 사람의 감정 상태를 읽을 수 있다. 특히 주로 경직되어 있는 강의장에서 청중은 솔직하게 자신도 모르는 새 감정을 나타낸다.

내 말에 공감하는지 아니면 지루해하는지가 너무 잘 보인다. 오늘 강의가 생각보다 잘 풀리지 않았다면 청중과 소통이 부족했거나 감정선을 제대로 못 읽은 경우다.

PPT 자료만 보고 지식을 전달한다고 해서 강의의 본질이 채워지기는 어렵다. 가장 좋은 방법은 전체에게 질문을 던지고, 청중 스스로가 답을 내게 해 강연에 적극적으로 참여하도록 만드는 것이다.

넷째, 강의를 통해 제일 많이 성장하는 대상은 청중이 아닌 자신이라는 점을 명심하라.

같은 내용을 반복할 때 성장은 자연히 더뎌지게 된다. 새로운 이슈와 접목해 현재 강의를 어떻게 쉽고 재미있게 전달할 것인지 항상 고민하는 것이 강사의 업이다.

강의 30분 전이라도 좋은 아이디어가 생각났다면 즉흥적으로 접목해 무리하지 않는 선에서 사람들의 관심을 집중시켜보는 것이다.

강사는 지식 정보를 자신만의 레시피로 선보이는 요리사와 같다. 생각지 못한 부가정보를 전달할 때 청중은 더 많은 것을 얻는 느낌을 가지고, 강의에 더 집중하기 시작한다. 상대방의 피드백과 반응이 강사의 가장 소중한 자산이고, 한 단계 도약하게 만드는 가장 큰 무기다.

지식기업가에게 말하기는 최종적으로 갖춰야 할 능력이자 다시 초심으로 돌아가게 만드는 장치다. 읽기, 듣기, 쓰기, 말하기 모두 지식기업가가 필수로 지녀야 할 소양이지만, 특히 말하기는 실전이고 사람과의 대면과정 그 자체다.

자신의 가치관과 경험, 노하우, 지식을 직접 육성으로 전달하고, 그로 인해 얻는 청중의 반응은 1인 지식기업가에게 절대적인 피드백 자산임을 늘 기억해야 한다.

21. 협업

모든 것을 할 줄 알아도 나누는 힘

—

나이키는 2016년에 도넛회사 크리스피크림과 함께 도넛 모양의 운동화를 출시했다. 미국프로농구NBA의 유명선수 카이리 어빙Kyrie Irving이 도넛 마니아라는 점에 착안해서 도넛 디자인을 활용한 운동화를 도넛 트럭에 싣고 마케팅을 펼쳤다.

현대오일뱅크는 팔도비빔면과 제휴 마케팅을 펼치면서 광고영상을 만들었는데 단기간 50만 조회수를 기록했다. 휠라는 2016년 브랜드 리뉴얼을 선언하고 포켓몬, 펩시 등과 제휴상품을 제작했다.

동화약품의 가스활명수와 의류브랜드 게스는 합작으로 가방과 티셔츠를 제작했다. 도넛과 운동화, 주유소와 비빔면, 스포츠 브랜드와 식품, 약품과 의류. 공통점이라곤 찾아

볼 수 없는 이 조합은 소비자들에게 신선함으로 어필했다.

브랜드 간 경쟁과 견제로 점철되던 시대가 2000년대 이전이었다면, 그 이후는 그 경계가 희미해졌다. 시대의 흐름과 펩시와 코카콜라처럼 경쟁업체 간의 물고 뜯는 전통적인 마케팅 전쟁은 브랜드가 생긴 전후로 끝없이 펼쳐지고는 있지만, 그럼에도 불구하고 요즘 동종업계, 이종업계, 심지어 경쟁업체 간 콜라보 마케팅이 활발하다.

자신들에게 필요하지만 자급자족할 수 없는 부분을 상대측이 보완해주고, 반대로 상대방이 수급하지 못한 것을 보충해주며 상생하고 있다.

1인 기업을 비롯해 작은 규모의 사업은 모든 것이 제한될 수밖에 없다. 자금을 최소화하기 위해 마케팅, 회계 시스템, 인건비 등 모든 것을 최적화시켜야 한다.

이들은 덩치가 큰 회사가 갖춰야 할 분업 시스템을 갖출수가 없는데, 사실 그럴 필요도 없다. 1인 지식기업가는 마케팅, 집필, 제휴사업, 콘텐츠 제작 등 모든 것을 혼자 해낼수 있어야 한다. 그렇다고 매사 혼자 끙끙 앓을 필요는 없다. 시간이 부족하거나 물리적 한계에 봉착하면 협업으로 보충할 수 있기 때문이다.

대기업의 업무협약MOU 체결처럼 거창하게 생각할 필요는 없다. 자금이 마땅치 않다면 자신이 가지고 있는 능력이나 콘텐츠 '1'을 누군가에게 나누어주고, 내가 부족한 '1'을 취한다고 보면 된다.

마치 가내수공업시대의 물물교환처럼 서비스를 교환하는 것이다. 여기서 중요한 점은 단순히 '내가 얻을 수 있는 것'보다 협력자에게 '어떤 것을 건넬 수 있는가'이다.

지식 기반 회사를 운영하면서 콘텐츠를 제작하던 초기에 지식콘텐츠 콘서트를 기획한 적이 있었다. 우리가 가진 강연, 도서콘텐츠를 함께 나누고 공유할 참가자들이 필요했다. 이때 모객에 대한 고민이 있었는데, 수월한 방법을 생각해냈다. 시중에 이와 유사한 프로그램을 진행했지만 콘텐츠 고갈로 프로그램 운영을 중단한 회사를 찾아냈다. 기존의 모객 데이터베이스를 공유할 수 있도록 업체 담당자에게 연락해 계약을 이루어냈다.

업체 담당자 또한 새로운 콘텐츠를 원하고 있었고, 그
또한 다시 한 번 도전할 수 있는 기회를 얻을 수 있기에 흔
쾌히 승낙했다.

이 밖에도 이미 수요층이 형성되어 있는 곳과 협약을 맺
는 방법도 가능하다. 해당 주제에 관심 있는 이들의 인프라
를 구축하고 있는 단 한 사람의 운영자만 섭외하면 해결되
기 때문이다.

담당 직원을 배치해 위임할 수도 있지만, 직원 월급도
고정비이기에 초반에는 부담이 된다. 그렇기에 지식창업
자에게 협업은 선택이 아닌 필수다. 대부분 누군가에게 아
쉬운 소리를 하는 것이라 여겨 제안을 미루는데, 콘텐츠만
좋다면 상대방이 오히려 달가워할 수밖에 없다.

투자를 효율적으로 적게 시작해서 크게 키워내는 것이
관건이다. 1인 기업을 넘어 회사의 덩치를 키우는 데에만
조바심을 낼 필요가 없다. 돈만 주면 계약이 이루어지는 형
식이 아닌, 무형의 가치를 내보이고 교환관계가 성립될 때
큰 위험부담 없이 협업을 시작할 수 있다. 내가 몇 년간 체
득한 1인 지식기업가의 협업 스킬은 다음과 같다.

첫째, 협업의 '실리'에만 집중하지 않는다.

기계적인 업무로 엮인 제휴 마케팅이더라도 결국 사람이 하는 일이다. 상대측이 내게 준 만큼만 건네겠다는 계산적인 태도보다 함께 이룰 수 있는 가치를 중시해야 한다.

자신의 일을 하면서 숫자부터 머리에 떠올리면 당장에는 이익이 나올 수 있어도 장기적으로 볼 때 사람을 잃는 경우가 많다. 조직을 나와서 일을 하다 보면, 이러한 점이 더 절실히 느껴진다. 상대가 나와 함께하기를 바라기 전에 상대가 자신과 함께하고 싶게 만들어야 한다.

둘째, 효율성과 생산비용의 관계를 꼬집어본다.

문과 출신인 나는 사업 초기만 하더라도 포토샵, 일러스트, 자바스크립트, 영상 편집 등의 기술을 전혀 하지 못했다. 당장 배움이 필요하기에 3개월간 악착같이 온라인 강의와 책을 통해 공부했다. 그러자 모두 혼자 처리할 내성이 생겼다. 하지만 직접 배운 것들을 일에 적용하고 응용하는 데는 많은 시간이 걸렸고, 혼자 할 수 있음에도 외부 전문업체에 일을 맡기게 되었다.

협업을 통해 생산성 향상은 물론 의사결정을 할 시간을

벌기 위함이었다. 모든 것을 끌어안고 할 수 있더라도 우선순위를 정해 중요한 일에 몰두하고, 또 때론 내려놓을 줄 아는 것이 또 다른 시간을 벌 수 있는 방법이다.

셋째, 상대방이 '원하는 것'을 예측하자.

많은 사람들이 상대방의 뻔히 보이는 의중을 파악한 후에야 움직인다. 누가 '배고파⋯⋯' 하면, 그제야 간식을 건넨다. 하지만 생각을 달리해보자. 당장 상대방이 원하는 것처럼 보이지는 않더라도, '곧 필요하겠구나' 하는 것을 캐치할 수 있어야 한다.

상대방은 오히려 '아, 그런 것도 필요하겠군요'라는 발상의 전환이 느껴질 때 상대의 눈썰미에 놀라게 된다. 누구나 쉽게 제시할 수 있도록 훤히 보이는 것에만 집중하면 수많은 경쟁자들 사이에서 살아남기도, 막상 제시할 제안서의 강점을 내보이기도 어렵게 된다.

넷째, 도움을 줄 때는 쭈뼛거리지 말아야 한다.

초보 강사였을 때 한 통의 전화가 왔다.

"작가님 책을 읽고 연락드려요. 개인 모임이다 보니 강의료가 최소한의 금액으로 책정될 듯한데, 괜찮으실까요?"

거리만 보면 기름 값도 충당 못할 비용이었다. 강의료에 매몰되어 쭈뼛거렸다면 정확히 몇 달 후 담당자가 소개시켜준, 세 곳의 대학교에서 진행하는 300명 대상의 저자 특강을 할 기회를 잡지 못했을 것이다. 당장의 것, 보이는 것이 모든 것이 아니라는 생각이 기회를 만들어준다.

완벽한 능력을 가진 사람이 1인 지식기업가가 되는 것이 아니다. 그저 장점을 나눠주고 단점을 보완할 수 있으면 된다. 다른 사람의 능력과 내 능력이 합쳐질 때 두 배, 세 배의 효과가 난다. 단 한 번일 거라 생각했던 협업이 두 번, 세 번, 또 다른 사람과 이어지는 연결고리가 된다.

한 번의 '인적자원'이 거대한 '진짜 네트워크'를 만들어가는 초석이 된다. 인맥을 쌓으려 한없이 찾아다니지 말고 누군가의 아군이 될 수 있도록 자신을 갈고닦고 자연스레 상대방의 옆에 먼저 서보는 것이다.

4장 X 플랫폼편

시간을 벌고
돈에서 자유로워지는 법

22. 초연결

플랫폼과 중계능력이 빛을 발하는 시대
—

"예전보다 요즘이 스펙이나 학위와 관계없이 개인이 돈을 벌기가 훨씬 수월한 시대입니다."

나는 1인 지식기업가 실전 교육 과정에서 항상 수강생들에게 이야기한다. 개인이 독자적으로 '돈을 가장 많이 벌 수 있는 시대'라는 의미가 아닌, 소소한 액수더라도 자체적으로 수익화하기에는 최적의 시대임을 강조하는 얘기다.

PC통신 시대로 거슬러 올라가보면 개인이 콘텐츠 생산자가 될 수 있는 여지는 적었다. IT 개발자가 아닌 이상 어딘가 속해야 노동을 하고 돈을 벌 수 있었다.

기존 플랫폼에서 제공하는 정형화된 시스템 속에서, 그

들이 만들어낸 콘텐츠에 돈을 지불하고 소비하기에 바빴다. 하지만 이제는 1인 미디어 시대와 맞물려 개인이 콘텐츠 생산자가 되어 기업의 전유물이었던 플랫폼까지 장악하고 있다.

플랫폼은 사전적 의미로는 정류장으로, 온라인상에서 사람들이 체류하는 특정 공간을 일컫는다. 서비스나 재화를 얻기 위해 필요에 따라 하루에도 몇 번씩 오르락내리락하는 곳이다.

플랫폼은 원래 대중교통 수단을 이용하는 공간을 의미했지만, 지금은 디지털 시대와 맞물려 인터넷 기반으로 한 시스템의 골격이나 틀을 뜻한다.

이곳에서 소비자는 상품이나 서비스를 비교하고 선택해 가치를 지불한다. 예를 들어 구글플레이에서 각종 앱이나 상품을 구매할 수 있듯이 장소 기반이 되는 것이다.

또한 플랫폼은 상품과 서비스를 만들어내는 베이스캠프와 같은 역할도 맡는다. 월드와이드웹 출현 이래 인터넷 환경은 급속도로 변해왔고, 소상공인이나 기업은 기존 판매 방식으로는 안정적인 매출을 기대하기 어렵다는 사실을 알았다. 페이스북, 아마존, 구글, 카카오, 에어비앤비 등 이름만 대면 알 수 있는 기업들이 자연스레 플랫폼 육성에 관심을 가지게 되었다.

이 기업들은 경쟁상대를 물리치거나 시장을 선점하기 위해 자신들만의 플랫폼을 구축한 뒤 소비자들과 서비스를, 혹은 소비자들끼리 긴밀히 연결되도록 중계역할을 도맡아왔다.

이러한 '초연결Hyper connect' 시대에 플랫폼은 어떤 의미일까? 기업은 확보된 소비자 인프라를 바탕으로 지속적이고 꾸준한 성장매출을 이루고, 소비자는 손쉽게 서비스를 접하고 있다.

플랫폼 유무에 따라 기업의 영속가치가 좌지우지된 것이다. 이제 초연결과 플랫폼 육성은 거대 기업뿐 아니라 개인, 1인 지식기업가에도 중요하게 적용되고 있다.

사회구성원으로서 경제행위를 하기 위해서는 '터'를 제공받아야 한다. 직장이라는 플랫폼에 속하거나 자영업자라면 점포라는 플랫폼을 오픈해야 한다. 투자가라면 부동산과 주식매매거래소가 플랫폼이자 부가가치를 내는 상품이라 할 수 있다. 주식거래자에게는 주식거래소가 플랫폼이 된다.

경제활동이나 소비를 위해서는 항상 장소가 마련된다. 1인 지식기업가도 지식콘텐츠를 내보일 곳이 필요한데, 이때 가치를 유통시킬 수 있는 플랫폼이 책, 강연, 칼럼, 페이스북, 인스타그램, 온라인 카페, 유튜브, 블로그 등이다.

플랫폼의 속성을 보면, 왜 필수 육성 대상이 되어야 하는지 알 수 있다. 승객은 버스 정류장에 모여 있다가 버스가 오면 요금을 내고 탄다. 그러면 승객은 목적지까지 도달할 수 있다. 이는 승객이 자신의 목적에 따른 승강장에 자발적으로 모였기에 가능하다.

육아 관련 온라인 카페에 사람들이 아무 이유 없이 가입하지는 않는다. 필요에 의해 가입하고, 공동구매에 돈을 지불한다. '배달의 민족'이라는 플랫폼도 단순 광고만으로 사람이 몰리지 않는다. 음식을 배달하고자 하는 욕구가 있기에 자발적으로 앱을 다운받고 서비스를 신청한다.

더욱이 승강장에는 사람만 존재하는 게 아니다. 과자와 음료를 파는 매점이 들어서 있고, 벽에는 각종 광고판이 부착되어 있다. 사람들이 붐비는 곳에는 항상 부가가치가 생성되고, 주변에는 상가가 형성되기 시작한다.

유튜브 영상에 본 영상과 상관없는 다양한 분야의 광고가 삽입되는 이유다. 플랫폼에는 이처럼 다양한 서비스가 항상 복합적으로 발생된다.

인스타그램에서는 클릭 한 번이면 먼 나라 사람이 이웃이 된다. 인스타그램 입장에서는 가입자들이 스스로 사진을 올리고 활발하게 활동할수록 수혜를 입는다. 가입자들이 서로 부가가치를 주고받는 환경이 조성되어야 플랫폼 비즈니스가 성공적으로 이루어질 수 있다는 얘기다.

플랫폼을 가진 기업에게도 이득이 되고, 활동하는 소비자도 스스로의 목적을 달성할 수 있어야 한다. 그렇기에 1인 지식기업가 또한 오프라인에 따로 점포나 사무실을 개설하진 않더라도, 온라인상에 자신만의 플랫폼이 존재해야 부가가치를 창출할 수 있다.

특히 제품을 먼저 만들어놓고 출시하는 위험성을 줄이기 위해서는 플랫폼 내의 이웃이나 팔로워 반응에 먼저 주시하고 출시 후의 성장을 미리 예측하는 것이 초연결 시대가 갖는 강점이 된 것이다.

애플이 앱스토어 시장을 열자 각 개발자들이 앞다투어 서비스를 내놓으며, 소비자들의 선택 범위가 광범위해졌다. 애플은 단순히 플랫폼을 유지 및 보수하며 지켜봤을 뿐이다. 페이스북도 사진과 소식을 올릴 수 있는 터, 즉 장소를 제공한 것이지, 페이스북의 정체성을 만들어가는 사람들은 유저들이다.

지식기업가의 플랫폼은 네트워크 방식을 가진다. 성공적으로 안착한 플랫폼은 유저가 늘고 입소문이 강해진다. 플랫폼은 엄밀히 보면 빈껍데기 같은 공간이지만 티몬, 쿠팡, 위메프 같은 소셜커머스는 다양한 판매콘텐츠를 결합해 소비자를 체류시킨다.

인스타그램 비즈마켓은 소비자들끼리의 거래를 마치 방관하듯 지켜볼 뿐인데도 전체 시장 파이는 커지고 있다. 이렇게 플랫폼에는 개발자와 소비자, 공급자와 이용자가 혼재해 있고, 사람이 많아질수록 부가가치도 커진다.

온라인 카페와 블로그 등도 오랜 기간 중요한 플랫폼으로 사용되어 왔다. 자신의 경험과 지식을 보여줄 기본적인 토대이자, 양질의 콘텐츠를 꾸준히 전달할 수 있는 창구이기 때문이다.

지식기업가에게 휘황찬란하고 거대한 사무실은 필요 없다. 그런 건 낭비일 뿐이다. 대신 온라인상에 자신의 경험과 지식, 노하우를 내보일 공간이 필요하다. 매번 자신의 전화번호가 적힌 명함을 들고 발로 뛰어야 할 필요가 없다.

플랫폼은 거대 기업의 전유물이 아니라 개인 인플루언서들에게 필수적인 무기다. 취미로 인스타그램에 가볍게 올린 사진이 콘텐츠가 되는 시대다.

평범한 개인이 두각을 나타내고 수익도 창출하며 영향력도 내보이는 이 시대에서, 플랫폼까지 선점한다면 금상첨화가 될 것이다. 끊임없이 생각하고 실행하는 사람만이 훌륭한 플랫폼을 쟁취할 수 있음을 늘 기억하자.

23. 블로그

블로그의 존재 이유는 '허브'
—

블로그가 생겨난 지 꽤 오랜 시간이 흘렀다. 전문 리뷰 블로거부터 공동구매를 장악했던 소상공인들까지 블로그로부터 큰 수혜를 얻었다. 하지만 네이버 파워블로거 제도가 폐지된 지금 블로그의 위상은 예전만 못한 것은 사실이다.

검색 트래픽도 예전만 못하기에 블로거들도 콘텐츠를 생산하는 입장에서 달가울 리가 없다. 유튜브로 이동한 블로거들이 많은 이유다.

기존 블로거들의 이탈이 많은 근본적인 이유는 수익성의 부재다. 블로그를 통해 블로거가 아무리 많은 콘텐츠를 생산하더라도 유튜브처럼 바로 수익이 발생하지 않고 검색 포털 사이트만 배불리는 구조라고 생각하기 때문이다.

하지만 이런 상황일수록 필수적으로 블로그를 키워야 하는 이유가 있다. 수익성보다 더 중요한 개인 브랜딩에 최적화된 플랫폼이기 때문이다. 1인 지식기업가에게 브랜딩은 영업보다 훨씬 중요하고 강력한 요소이다.

블로그를 꾸미고 배너를 배치하는, 누구나 할 수 있는 기술적인 내용을 눈이 빠지게 공부하는 것은 큰 의미가 없다. 취미 블로그를 넘어선 강력한 브랜딩 블로그를 만들기 위해서는 사전작업과 요령이 필요하다. 철저하게 포털 사이트에서 블로그를 육성하는 방향을 꿰뚫어야 한다.

1. 블로그지수 올리기

포털 사이트는 블로그 운영의 활발함 정도를 눈여겨보고, 이를 토대로 점수를 매기는데 이 점수를 블로그지수라고 한다. 다음 몇 가지 요소를 공부하고 자신의 블로그에 적용해보길 바란다.

1) 블로그 활동성 지수

블로그가 얼마나 활성화되어 있는지에 대한 점수를 말

한다. 세부항목으로는 최근 포스팅 빈도, 포스팅수, 전체 블로그 운영 기간 등이 포함된다.

주의할 점은 아무리 좋은 글이더라도 비공개 혹은 이웃에게만 공개되는 포스팅은 블로그 활동성 지수의 지표로 반영되지 않는다는 것이다. 이웃만이 아닌 전체 유저에게 공개되는 게시물이어야 인정된다. 다른 블로그에서 스크랩해온 자료 또한 블로그 지수에 영향을 주지 못한다.

2) 블로그 인기도 지수

여러 경로를 통해 블로그에 방문하는 유입자가 생기기 마련이다. 블로그 인기도 지수에 포함되는 세부항목으로는 이웃수, 스크랩수, 페이지뷰, 방문수, 방문자수 등이다. 유입도를 높여 집중 트래픽을 발생시키는 것이 관건인데 블로그와 궁합이 맞는 연계 플랫폼은 온라인 카페가 있다.

3) 포스팅 주목도 지수

자신이 블로그에 글을 올렸을 때 얼마나 반응하는지 여부이다. 비교적 짧은 시간 내 자신이 올린 글에 방문자가 몰리고 댓글과 공감이 쌓인다면 메인에 오르게 될 확률이 높다. 기본적으로 이웃이 많아야 하고 짧은 시간 내 방문자가 몰릴 임팩트 있는 제목 작성이 필수다.

4) 포스팅 인기도 지수

각각의 포스팅에 대한 열람횟수, 엮인글, 스크랩, 공감, 댓글을 점수로 환산한 것이다. 블로거 자신이 했는지 방문자가 했는지 여부에 따라 점수가 다르게 매겨지는 점을 연구해야 한다.

2. 블로그 운영 기간

저품질 블로그가 되지 않고 오랜 기간 안정적으로 운영되면 네이버로부터 신뢰받는 블로그가 된다. 활동성 지수가 높아지면 상단 노출 시 오랜 기간 머물게 되고 갑작스럽게 저품질이 되는 사고를 방지할 수 있다.

여기서 중요한 것은 오랜 기간 포스팅 공백이 없도록 유지하는 것이다. 열심히 1년 동안 운영해 왔어도 다시 5개월간 포스팅이 없으면 운영 기간 점수에 악영향을 미친다.

3. 포스팅 작성 시간

포털 사이트는 양질의 포스팅과 저품질의 포스팅을 걸러내려고 한다. 블로그를 운영하다 보면 시간에 쫓겨, 매너리즘에 빠져 대충 어디선가 글을 복사해 붙여 넣고는 한다.

저품질에 빠지게 되는 가장 치명적인 경우는 3분~5분 정도 되는 짧은 시간에 포스팅을 마쳐버릴 때다. 저품질은 한 가지 이유로 일어나는 일은 아니지만 사람이 아닌, 기계처럼 작성된 포스팅을 어뷰징abusing으로 간주해 마이너스 점수가 크다.

그렇다고 글을 복사해놓고 화면만 켜놓는 경우도 있는데, 이때 '임시저장'이 자동으로 이루어진다. 타이핑은 하지 않은 채 임시저장만 계속되는 경우도 꼼수로 간주하기 때문에 포스팅은 30분~1시간 정도의 충분한 숙성 시간이 필요하다.

지식창업가에게 블로그는 일종의 허브 기지와 같다. 다른 플랫폼과 연계가 용이하기 때문이다. 이미 폐지가 된 파워블로거가 되기 위해 상위노출에 혈안이 될 필요는 없다. 지식창업가는 블로그라는 플랫폼 하나에 목을 매서는 안

되기 때문이다. 블로그가 담당할 역할은 정확하게 개인 브랜딩이다. 내가 무엇을 하는 사람이고 무엇에 관심 있는 사람인지 보여주는 창구 역할을 한다. 그래서 하나의 포스팅에 지나치게 신경 쓰며 스트레스 받을 필요는 없다.

키워드 하나를 기필코 상단에 노출시키기 위해 몇 시간을 투자하는 것보다 일목요연하게 정리된 메뉴하에 나라는 사람을 보여주는 작업이 필요하다. 평생 현역으로 살아가기 위한 목표를 가진 1인 지식기업가는 단기적인 목표보다 장기적인 목표를 세워야 한다. 상위노출에 목이 말라 저품질에 빠져 이도 저도 못하는 경우가 발생하느니 꾸준한 콘텐츠 누적이 개인 브랜딩의 관건이 된다.

1인 지식기업가의 재능, 지식, 노하우가 듬뿍 배어난 블로그로 꾸준히 만들어가되 짙은 홍보성은 항상 염두에 두어야 한다. 일부 쇼핑몰처럼 상품만 잔뜩 나열한 채 마치 재고 창고처럼 보이게 하는 것은 포스팅한 사람의 질까지 낮추게 된다.

마케팅 대행사를 운영하는 것이 아닌 만큼 블로그가 저품질에 빠져버리면 유입원 자체를 잃어버리기 때문에

1~2개의 블로그를 꾸준히 정상 수준을 유지하는 것이 중요하다.

블로그를 통해서 강연, 강의 문의가 이어지는데 그 한 명 한 명의 문의가 나에 대한 관심이고 내가 다시 관심을 표현해야 할 이유다.

상품만 잔뜩 올려놓고 가격흥정만 하는 것은 1인 지식기업가의 소명이 아니다. 상품을 팔기 전에 고민을 들어주고 해결할 수 있는 의지를 보여주어야 한다.

1인 지식기업가에게 블로그는 인생 기록과 같다. 집필기록, 강의활동, 컨설팅 활동, 강연후기 등 내 일련의 전반적인 활동사항이 끊임없이 이어지는 작은 드라마와 같다.

내 작은 단편 소설에 누군가를 초대한다고 생각하며 블로그를 키워나가는 것이 필요하다. 상품을 보이지 말고 사람부터 내보이는 것이다.

24. 페이스북

연결의 힘
—

페이스북은 초연결 시대의 서막을 여는 초기 주자라고 할수 있다. 현재 전 세계 월 이용자수는 20억 명에 이른다. 국내에서만 2,000만 명에 가까운 가입자가 페이스북에서 친구들, 지인들, 비즈니스 파트너와 상호작용을 하고 있다.

페이스북을 하나의 키워드로 정의한다면 '그물망'이다. 촘촘하게 엮인 네트워크는 대기업, 소상공인, 스타트업 등 어떤 분야에 있든 비즈니스 도구로 손색이 없다. 1인 지식 기업가에게도 없어서는 안 될 주요 플랫폼 중 하나다.

페이스북은 연령대나 성향에 따라 활용되는 목적이 다양하지만 회사 입장에서는 마케팅 창구 역할을 한다. 나는 작가, 강연가, 칼럼니스트이기 전에 콘텐츠를 만드는 기획자로서 페이스북 이용도가 높다. 사람들과 소통하며 콘텐츠의 브랜드 파워를 키우고 있다.

내가 페이스북을 사용하는 용도는 주로 3가지로 구분되는데 개인계정, 회사가 운영하는 페이지, 동호회 개념인 그룹이 있다. 작가와 강사로서의 측면은 개인계정으로 알리고, 회사 페이지에서는 열혈 팬들을 모은다. 그룹은 끈끈한 결속력과 공감대를 무기로 커뮤니티로 발전시키고 있다.

페이스북은 타깃 마케팅에 최적화되어 있는 플랫폼이다. 대기업이든, 소기업이든, 1인 기업이든 제품이나 서비스를 만들 때 가장 먼저 떠올려야 하는 것이 타깃층이다. 이 서비스를 대체 어떤 사람, 어떤 연령, 어떤 성별에게 전달할 것인지 정해야 한다.

2,000만 명에 육박하는 페이스북 이용자들이 잠재적 타깃이 될 수 있는데, 간단한 설정만으로 내가 원하는 대상을 추적할 수 있다.

여기에는 페이스북의 기술력도 한몫을 하지만, 사실 이 거대한 네트워크를 만들어낼 수 있는 것은 유저 자신들이다. 직장, 학교, 현재 거주 장소, 관심사까지 스스럼없이 모든 정보를 페이스북에 제공하고 있기 때문이다.

이 자료는 고스란히 마케팅 소스이자 알고리즘으로 생성된다. 다음은 내가 지식창업을 하며 페이스북을 해야 하는 이유들과 직접 느꼈던 장점을 기반으로 서술한 내용이다.

첫째, 세분화된 타깃팅 분석이 가능하다.

월드와이드웹이 보급되기도 전 마케팅 시장은 불특정 다수에 전단지를 돌리는 식의 일방향이었다. 무분별하게 집행되는 광고나 마케팅은 들쭉날쭉한 매출을 불러왔고, 광고비 부담만 가중시켰다.

현재는 페이스북을 통해 광고주가 직접 성별, 나이, 직장, 교육, 혼인상태, 관심사 등의 정밀 키워드를 참고 삼아 특정 대상 마케팅을 진행할 수 있다.

둘째, 빠른 파급력을 보인다.

이 파급력은 콘텐츠의 확산력과 공유를 말한다. 어느 플랫폼의 유저보다도 좋은 콘텐츠에 대한 반응도가 높아 '좋아요'를 누를수록 널리 확산되고 공유가 활성화된다. 매번 비싼 키워드 광고비를 부담해왔다면, 콘텐츠의 질을 올리는 데 집중하는 것으로 대체할 수 있다는 장점이 있다.

셋째, 피드백을 받는 데 유용하다.

페이스북에서 발행한 콘텐츠는 비슷한 관심사를 가진 사람들 위주로 퍼지기 때문에 실시간 광고 효과를 맛볼 수 있다. '좋아요'나 공유를 누르는 데 드는 시간이 짧기 때문에 실시간에 가까운 통계를 분석하고, 또 확산 효과를 높일 수 있다.

이렇게까지 이야기를 하면 페이스북을 광고 마케팅을 위한 창구로만 생각할 수 있지만, 페이스북에서 가장 근간이 되어야 하는 것은 콘텐츠의 질과 소통이다.

앞서 나는 페이스북을 3가지 도구로 나눠 사용한다고 이야기했다. 개인계정과 회사 페이지, 그리고 그룹인데 모든 계정에 따로 광고를 올릴 필요는 없다.

개인계정에는 진정성 있는 소통과 브랜딩 스토리텔링에 초점을 맞추고, 회사 페이지에서는 상품에 관한 양질의 콘텐츠를 내보이고, 그룹으로는 팬을 관리한다. 광고는 계정

내에서가 아닌 페이스북의 타깃형 광고를 중점적으로 활용한다.

하지만 플랫폼에 상관없이 지식기업가에게 가장 중요한 것은 제품이나 서비스를 내보이기 위해서는 스토리텔링이 필요하다는 사실이다.

예나 지금이나 사람들은 광고를 멀리한다. 좋은 콘텐츠라는 것이 확인되어야 사람들은 광고에 거부감을 느끼지 않는다. 콘텐츠 기획에 있어 '내 이야기인데?'라는 마음이 들게 이끌어야 한다는 얘기다.

직장인 대상이라면 이직, 연봉, 출근길에 대한 이야기를 해야 하고, 주부라면 육아, 부업, 이유식 등 자녀와 관련된 이야기를 맞춤형으로 발행해야 한다. 넓고 포괄적인 콘텐츠를 만들어 많은 사람들이 봐주리란 기대를 하는 것은 접는 편이 낫다.

이렇게 타깃으로 어필하고자 하는 대상에게 정보와 팁, 공감을 담은 것을 바로 브랜딩한 콘텐츠라고 볼 수 있다. 운동에 관심 있는 사람에게 트레이닝복 광고를 타깃팅하는 것은 1차원적인 광고다. 운동에 최적화된 장소와 운동 팁을 나누고 트레이닝복이 필요한 이유를 살짝 집어넣으면, 브랜딩한 콘텐츠가 될 수 있다. 범위와 대상을 좁히는 데 유리한 페이스북의 타깃형 광고와 브랜딩한 콘텐츠를 접목하면, 더 강력하고 날카로운 마케팅을 펼칠 수 있다.

천안에서 한의원을 운영하는 한 한의사는 꼭 한의원에 방문하지 않아도 따라 할 수 있는 건강법을 온라인상에 공유하며 많은 호응을 얻었다.

매일 업데이트되는 건강 관련 영상을 보며 구독자들은 콘텐츠에 반응하고 공유하기에 바빴다. '한의원 오지 말라'는 컨셉은 오히려 한의원 매출을 신장시킬 수밖에 없었다. 신뢰와 소통이 묻어나 있었기 때문이다.

페이스북은 기술적인 광고 영역 외에 '연결성'에 집중하는 플랫폼이다. 각종 개인정보를 서로 공유하며 엮인 관계는 거대한 네트워크 자체다. 이 조밀한 세계에서 광고만 하겠다고 달려들면 지식기업가의 모토인 '소통'과는 멀어지는 것과 마찬가지다.

물건만 판매하고 회사 이름만 알린다면 금세 매출은 오를지 몰라도, 충성적인 소비자들을 사로잡기는 어렵다. 단기가 아닌 장기적인 목표를 두고 진정성 있는 소통이 밑받침되어야 한다.

정보 독점의 시대가 아닌 공유 시대에 들어선 지금, 페이스북에서 어떻게 양질의 스토리가 담긴 콘텐츠를 선보일지 고민해보라.

25. 인스타그램

1인 브랜딩 전초기지
—

'인생은 타이밍'이라는 말이 있듯이 비즈니스도 기회가 되는 시점에 결단을 내려야 하는 경우가 많다. 인스타그램의 창업자인 케빈 시스트롬Kevin Systrom과 마이크 크리거Mike Krieger도 스마트폰이 보급되기 시작한 2010년 서비스를 출시하며, 모바일폰 전용 앱으로는 드물게 출시 첫 주에 10만 다운로드를 기록했다.

디지털카메라에 추억을 담던 사람들이 점차 스마트폰으로 사진 촬영을 하고 사진을 저장하기 시작했다. 이렇게 시대의 흐름에 맞춰 사진 보정 앱이 앞다퉈 출시되었고, 위치 공유 기반 서비스와 당시 유저들이 주로 쓰던 사진필터, 공유기능만 추려내 인스타그램으로 발전되었다.

지금은 1인 미디어의 시대이다. 일방향으로 방송을 송출하던 시대가 막을 내리고, 케이블 채널, 유튜브 채널이 활성화되며 미디어의 선택권이 분산되었다.

이제는 인플루언서와 유튜버 등 개인의 영향력이 연예인과 비슷하거나 오히려 넘어선 경우도 많다. 소수의 인플루언서가 가진 막강한 영향력이 다수에게 영향을 끼치고 있다. 인스타그램은 이러한 개인의 영향력을 극대화시키기에 최적화된 플랫폼이다.

페이스북이 연결의 힘을 활용해 마케팅을 한다면, 인스타그램은 그야말로 1인 브랜딩에 초점을 맞추고 있다. 브랜딩이 성립되는 필수적인 과정은 자신이 가진 고유한 능력이나 이미지를 상대방이 자연스레 인지하게 만드는 것이다. 이미지 활용을 기반으로 한 인스타그램에서는 단 한 장의 사진으로도 브랜딩 효과를 누릴 수 있다.

SNS에서 사람들은 보이는 것에 민감하고, 그것을 가감없이 받아들이는 경향이 있다. 텍스트가 주콘텐츠인 트위터나 페이스북일수록 더욱 그렇다.

조금이라도 영향력을 가진 사람들이 쓴 글이라면 진위 여부와 상관없이 '좋아요'를 눌러 해당 사건에 관심조차 없던 사람까지 알게 되어 자칫 루머일 경우 치명적인 결과를 낳기도 한다.

페이스북과 트위터는 일종의 개방형 SNS로 내가 좋아하는 콘텐츠만 소비하는 것이 아닌, 다양한 콘텐츠가 무작위로 노출된다. 광고성 콘텐츠의 범람으로 피로도를 느낀 유저들의 이탈이 있기도 했다(현재 페이스북은 이 점을 많이 개선했다).

그런 이들이 발길을 돌린 곳이 바로 인스타그램이다. 인스타그램은 내 콘텐츠에 집중할 수 있을 뿐 아니라 자신이 관심 있는 것에 집중할 수 있는 폐쇄형 SNS다.

자신이 원하는 콘텐츠와 사람을 해시태그를 활용해 찾을 수 있는 인스타그램은 유저들의 자발성을 보장한다. 하지만 그만큼 엄청난 트래픽을 발생시켰다. 하루 업로드되는 사진 수가 세계적으로 9억 장에 이른다.

시대의 흐름과 함께 브랜딩 창구가 된 인스타그램은 '세상의 모든 순간들을 포착하고 공유한다'라는 슬로건 아래,

유저들이 수많은 시각 이미지를 공유하게 만든다.

특히 타 플랫폼에 비해 자신의 얼굴이나 일상을 거리낌 없이 노출하는 데 특화되어 있다. 긴 호흡이 필요한 블로그나 페이스북에 비해 브랜딩에 유리할 수밖에 없는 플랫폼인 것이다.

인스타그램에서 가장 많이 사용하는 해시태그가 #셀스타그램, #먹스타그램, #일상스타그램인 것만 봐도 알 수 있다. 자신들의 일상을 아주 자유롭게 올리고 공유하는, 사람과 사람을 연결하는 SNS의 선두주자가 인스타그램이고 1인 지식기업가라면 소비자 한 명 한 명을 위한 소통창구이자 브랜딩 창구로 활용해야 한다.

SNS를 이용해 이슈와 콘텐츠를 널리 확산시키려면 최소 두 가지 조건을 만족해야 한다. 첫 번째로 많은 노출이 뒷받침되어야 하고, 두 번째는 확산 속도를 높이기 위해 실시간으로 콘텐츠를 누적시켜나가야 한다.

'좋아요'가 누적될수록 빠르게 널리 확산되는 알고리즘을 가진 페이스북, 단출하게 텍스트만 입력해 빠른 확산 속도를 자랑하는 트위터, 이 두 가지 장점을 결합한 것이 인스타그램이다. 불특정 다수를 향한 마케팅에는 취약한 면이 있지만 실시간에 가깝고 쉽게 콘텐츠를 업로드할 수 있는 특장점이 있다.

대학교, 관공서, 고등학교에서 진행하는 특강 등 외부 강의가 있으면 나는 활동사항을 실시간으로 현장 중계하듯 인스타그램에 업로드한다. 이를 본 팔로워들은 마치 현장 상황을 함께 즐기듯 실시간으로 소통을 이어간다.

짧은 메시지라도 덧붙여 어떤 정보를 줄 수 있을까 고민해 글을 쓴다. 내 활동상황에 관심을 갖고 소통하는 팔로워한 명 한 명이 큰 힘이 되고, 그들은 나를 자발적으로 다른이들에게 소개해주는 마케터이자 친구 역할을 한다.

또한 인스타그램은 어떤 식으로 운영하든 우선적으로 팔로워수에 영향을 받을 수밖에 없다. 인스타그램 세계에서 팔로워수는 영향력의 수치 그 자체이다. 팔로워가 많으면 콘텐츠가 확산되는 도달률도 증가하고, 플랫폼 성장의 선순환을 타기가 쉽다. 프로필에 방문한 사람의 팔로워수가 많으면 이 사람에 대한 기대심리가 높아져 친구를 맺고 싶은 욕구가 급증하기 때문이다. 인스타그램의 인기게시물에 등록되기 위해서는 많은 팔로워가 짧은 시간에 '좋아요'를 눌러줘야 노출 알고리즘의 수혜를 입을 수 있다. 인기게시물에 등록되면 관련 관심사를 가진 신규 유저 유입이 늘어나기 때문이다.

1인 지식기업 강의를 진행할 때 항상 강조하는 것이 있다. 진정한 팔로워와 소통을 해야 한다는 것이다. 허위로 숫자만 매겨진 가짜 팔로워는 없느니만 못하다.

내 콘텐츠에 즉각적으로 반응하는 사람들의 힘이 모여 한 계정의 활성화 여부를 운명 짓는다. 하지만 관심을 받을 생각보다 먼저 다가가고 나누는 것이 소통의 시작임을 기억하자.

우선 나와 관심사가 같은 사람들을 찾아내고 피드에 정성 어린 댓글로 관심사를 표현하자. 소통은 사소한 것에서 시작되고 점점 깊어지는 것이 필요하다.

나는 책과 관련한 관심사로 뭉친 팔로워들과 오프라인 강의장에서 직접 만나며 더 친밀한 관계를 만들어갈 수 있었다. SNS의 관계가 피상적이고 얕은 관계라고 생각하지만 사회에서 만난 직장동료나 비즈니스 파트너보다도 더 깊은 관계로 발전할 가능성이 있다. 어떤 장소에서 만난 게 중요한 것이 아니라 어떤 사람과 어떻게 소통하는지가 중요하기 때문이다.

한 사람 한 사람이 나의 인맥이 되어주길 바라지 않고, 내가 그들의 인맥이 되어주겠다는 생각으로 소통해간다면 서로의 팬이 될 수 있다. 1인 지식기업가에게는 비즈니스 파트너보다 한 명의 팬이 더 소중하기 때문이다. 이 팬을 만들 수 있는 최적화된 플랫폼이 인스타그램이다.

26. 유튜브

아직 유효한, 개천에서 용 나는 시대

—

2005년 4월 23일은 유튜브와 유튜버에게 기념비적인 날이었다. 물론 당시에는 그날이 기념비적인 날이 될지는 그 누구도 몰랐을 것이다.

그날은 유튜브에 첫 동영상이 게시된 날이다. 화면 속에 한 남자가 등장하는데 배경으로 동물원이 보인다. 유튜브 공동 창업자 중 한 명인 자웨드 카림 Jawed Karim 이 첫 동영상에 자신의 모습을 찍어 올린 것이다.

이때를 기점으로 여행지나 멋진 모습을 영상에 담기에 바빴던 시절에서 벗어나 영상 속 주인공은 철저하게 사람으로, 개인으로 변해갔다. 이 변화는 지금도 현재진행형이다. 나는 유튜브 실전 강의를 진행하며 수강생들에게 항상 이야기한다.

"유튜브를 왜 하려고 하세요?"

"왜 유튜버가 되고 싶나요?"

그럼 여러 답변이 쏟아진다. 돈 벌려고, 인지도를 얻으려고, 퍼스널 브랜딩을 위해, 취미로, 남들이 하니까……. 각자 생각이 다르기에 모두 맞는 말이다. 그중에서도 굳이 1순위로 이유를 꼽자면 유튜브는 자아 표현에 가장 충실한 플랫폼이라는 것이다.

자신을 드러내어 노출하고 표현하며 상대방에게 메시지를 던지고 정보와 지식, 그리고 노하우를 생생하게 전달할 수 있다. 그에 대한 대가로 수익 창출까지도 가능하다. 자신이 원하는 일을 하면서 그에 대한 대가를 받는 구조로, 이 시대를 사는 누구에게나 매력적으로 다가온다.

우리는 항상 누군가에게 영향 받는 삶을 살 수밖에 없다. 직장에서, 상사에게, 갑에게 좋든 싫든 그들의 영향 아래 살아간다. 하지만 유튜브에서는 자신이 영향력의 주도권을 쥘 수 있다. 누구 위에서 군림하는 게 아닌, 내 인생의 주도권을 쥐고 하고 싶은 콘텐츠로 기획하고 영상을 만들고, 구독자와 공유하고 피드백을 얻고 성장한다.

나 또한 유튜브를 직접 운영하며 직장인과 예비 사업가들과 소통하며 지내고 있다. 처음에는 어떤 콘셉트, 어떤 주제로 시작할지 몰라 헤매기도 했지만 금방 주제의 한계는 없다는 것을 알게 되었다.

오히려 유튜브는 이제 새로운 주제가 나오기 힘든 시장이 되었다. 그렇다고 이것이 한계일까? 새로운 주제로 기획하는 데 골머리를 앓기보다 기존 주제라도 어떤 방향으로 콘셉트를 잡고 시작할지가 관건이다.

'여행'이라는 주제는 다시 '배낭여행', '패키지여행', '혼자여행'으로 번져나간다. 그렇다는 것은 유튜브를 운영하고자 한다면 주제보다는 콘셉트 잡기에 관심을 두어야 한다는 의미이다. 내가 유튜브 실전 강의를 진행하며 중점을 두고 있는 것들을 다음과 같이 정리해보았다.

첫째, 유튜브 알고리즘을 공부하자.

유튜브는 세세한 알고리즘을 공개하지 않고 대략 줄기가 되는 가이드만 제시하는데, 나머지 세부사항은 유튜버의 입장이다. 노출 알고리즘부터 태그, 검색 키워드 등은 기본 중의 기본이지만, 대부분 열심히 영상을 만들어놓고는 이러한 것들을 등한시한 채 영상을 올리기 급급해한다.

유튜브는 거대한 유기체가 움직이고 있는 시스템과 같다. 매번 똑같은 알고리즘이 생성되지 않고, 업데이트되고 변형된다. 영상 1개를 올려놓고 조회수가 적다고 실망하며 채널육성을 멈추는 경우도 허다하다. 일단 잘나가는 영상의 오픈 소스를 분석하고 태그와 검색 키워드를 유사하게 조합해보는 연습이 가장 기초다.

둘째, 지속 가능한 주제로 꾸준히 콘셉트화해야 한다.

유튜브와 유튜버의 관계는 무엇을 의미할까. 엄밀히 말하면 유튜브는 장소를 제공해주는 플랫폼이고, 유튜버는 노동을 콘텐츠로 내보이는 노동자와 같다.

유튜브 입장에서 콘텐츠를 정기 발행하는 사람과 드문드문 업로드하는 유튜버 중 누구를 선호할까? '1일 1영상'을 목표로 하는 사람도 있지만 빈도가 너무 잦다고 해서 좋은 점수나 노출자리를 확보 받는 것은 아니다.

일주일에 영상을 1개만 업로드하더라도 구독자와 사전에 정해진 시간대에 업로드하는 것이 정기적인 영상의 참된 의미다. 유튜버가 영상을 올렸을 때 트래픽이 갑자기 몰리는데, 이때 구독자들의 시청이 영상 노출 확보에 한몫하기에 정해진 시간에 하는 영상 게재가 점수획득에 아주 용이하다.

지속적인 영상을 제작하고 확보하기 위해서는 이벤트성으로 끝나는 영상은 지양하고 영속적으로 생산해낼 수 있는 자기 주변의 콘텐츠부터 개량하는 것이 좋다.

셋째, 유튜버도 투자가다. 투자로 돈을 버는 사람들이 있다.

주식에 투자하고 부동산에 투자하고 비트코인에 투자한다. 유튜버도 엄연히 투자가다. 하지만 대상은 다르다. 유튜버는 철저하게 자기 자신에게 투자한다. 좋은 장비를 구매한다고 해서 남 좋은 일만 하는 것이 아닌 나 스스로에게 투자하는 것이며, 말하기 스킬을 늘리기 위해 스피치 학원을 다녔다면 이것도 스스로에게 투자한 것이다.

더 또렷해진 발음과 음성으로 더 좋은 퀄리티의 영상을 만들어 업로드하면, 구독자의 주목도를 높이는 효과를 낳는다. 유튜브도 창업과 같다. 수천만 원이 들어가는 점포 창업처럼 본사에 로열티를 지급할 일이 없고, 자신에게 투자할수록 스스로 성장하고 구독자의 성장도 도울 수 있다.

넷째, 가장 강력한 무기인 소통의 힘을 느낄 수 있다.

보통 유튜버를 시작하려고 하면 자신을 돋보이게 하기 위해 안간힘을 쓴다. 말만 번지르르하고 핵심은 없으며, 지식의 깊이는 얕다. 게다가 어울리지 않는 짙은 화장을 하기도 하고 과장된 몸짓으로 위화감을 준다.

조금 어눌하고 부족하더라도 소통을 잘하는 사람은 빠른 성장세를 보일 수 있다. 또한 답글에도 주목해야 한다. '마이크 소리가 잘 안 들려요', '조명이 조금 더 밝았으면 좋겠어요' 같은 답글이 있는 것 자체가 좋은 일이다. 악플이 아닌 피드백이기 때문이다.

자신의 성향이나 철학과 맞지 않는다고 모든 댓글을 차단하는 유튜버도 있는데 장기적으로는 마이너스에 가깝다. 구독자가 없으면 유튜버는 존재할 수 없다. 사람 냄새를 풍기고 구독자의 마음을 헤아리는 사람이 롱런할 수 있는 것이 유튜브다.

1인 지식기업가에게 유튜버는 세상과 통하는 창구를 만드는 것과 같다. 지식기업가는 자신의 영향력을 드러낼 분야를 정하고 그 분야에 맞춰 스스로를 노출하고 브랜딩할 수 있는 창구가 필요하다. 자신의 철학, 경험, 지식이 아무리 높고 깊다한들 세상에 내비치지 않으면 상대방과 세상은 나를 인지하지 못한다. 대단한 정보, 경험, 철학을 쌓으려고 노력하기 전에 먼저 드러내고 쌓아가는 과정이 꼭 필요하다.

이제 일대일로 명함을 돌려가며 사람을 만나는 시대는 저물었다. 올해 1월에 올린 영상이 내년 1월에도 누군가를 만나고 있다. 내가 잠을 자고 있어도, 여행 중이어도 유튜브 동영상은 내 분신처럼 알아서 활동하고 수익과 부가가치를 만들어낸다.

1인 지식기업가는 자신의 발품을 팔아 시간을 죽이는 일을 최대한 줄이고, 자신 대신 일하는 플랫폼을 육성하는 데 최선의 노력을 기울여야 한다. 그 수많은 플랫폼 중 자동화에 최적화된 것이 바로 유튜브다.

27. 온라인 카페

조물주 아래 온라인 건물주
—

플랫폼 비즈니스의 시대다. '배달의 민족'은 직접 운영하는 음식점 하나 없이 가맹점 주인과 소비자를 연결시켜 중개 서비스 수수료로 매출을 올린다. 직접 운영하는 숙박업소 한 개 없이 여행객과 기존 집주인을 연결시켜 천문학적인 수수료를 얻는 '에어비앤비'도 있다.

부동산 중개 어플 '직방'도 비슷한 형태의 플랫폼 비즈니스로 많은 수익을 얻고 있다. 플랫폼 비즈니스의 슬로건은 '인적 인프라가 모이면 돈이 된다'는 것이다. 사람이 모이는 곳에는 비즈니스가 생겨나고 수익이 생긴다는 얘기다.

이러한 플랫폼 비즈니스가 과연 새로운 것일까? 시간을 거슬러 올라가보면 플랫폼 비즈니스의 원석과 같은 시초는 온라인 카페에서 시작되었다.

커뮤니티 카페를 6개월 만에 5만 명 이상의 인기 카페로 만들어본 경험과 현재 지식창업교육 카페를 운영하면서 느낀 점은 온라인 카페는 실제 임야, 주식, 땅과 같은 성격을 가지고 있다는 사실이다. 양도가 가능하고, 카페의 부가가치는 콘텐츠에 따라 주식처럼 상종가를 누릴 수 있기 때문이다.

지금 이 책을 읽고 있는 독자들은 현재 가입한 인터넷 카페의 수가 어느 정도 되는지 궁금하다. 실제 활동은 안 하더라도 은연중 가입한 카페 수가 5~10개는 되리라 예상한다. 관심도에 따라 게시글을 올리기도 하고 댓글만 달기도 하며 단순히 글만 읽다 나오는 카페도 있을 것이다.

그런가 하면 가입하고 한 번도 방문하지 않은 카페도 수두룩할 것이다. 온라인 카페를 어떤 식으로 활용했는지는 중요하지 않다. 나 또한 온라인 카페를 본격적으로 육성해 수익을 내기 전까지는 독자들과 똑같이 활동했기 때문이다. 하지만 이제는 말하고 싶은 것이 있다.

내 눈에 보이는 것만이 진실이 아니며, 사람은 딱 관심 있는 만큼 볼 수 있다는 사실이다. 우리가 온라인 카페를 이용할 때 느끼는 것은 '무료'라는 개념이다. 무료로 정보를 얻고, 무료로 사람을 만나고, 무료로 뭔가를 얻을 수 있지 않을까 하는 생각에 카페에 가입한다.

카페 가입을 하거나 글을 쓸 때마다 돈이 들지는 않지만, 카페에서 일어나는 모든 일들이 모두 공짜는 아니다. 적어도 운영자에게는 공짜가 아니다.

자신이 한 만큼 대가 수익을 얻을 수 있는 것이 온라인 카페다. 단순히 온라인에 존재하는 무료 플랫폼이라고 생각하면 큰 오산이다. 오프라인에 수천만 원 들여 만드는 점포와 같고, 나만의 회사, 사무실과 같은 개념이 바로 온라인 카페다.

온라인 카페를 육성하고 키워내게 되면 온갖 분야에서 연락이 날아든다. 대부분 협찬업체. 10만 명 회원 규모의 육아 카페를 예로 들면 이 운영자는 한 달에 1~2억의 순익을 얻는 것으로 조사되었다. 어떻게 이러한 수익을 내고 있는 걸까?

온라인 카페는 수익을 얻는 주체가 셋으로 나뉜다. 첫 번째는 운영자, 두 번째는 입점업체, 세 번째는 회원이다.

운영자는 카페를 활성화시키기만 하면 매월 월세 개념으로 협찬업체로부터 입점비를 받을 수 있다.

이 입점비는 수십만 원에서 수백만 원까지 다양하다. 카페가 활성화되고 회원이 많아지면 외부업체로부터 많은 제안이 온다. 식품, 의료, 법무서비스, 병원까지 내로라하는 기업의 실무 담당자들이 광고 배너를 카페 전단에 싣고 싶어 안달이 난다.

배너 광고비가 바로 건물주가 세를 내주고 받는 월세 개념과 정확히 일치한다. 오프라인 건물주는 월세를 받기 위해 건물관리에 적지 않은 금액을 쏟아부어야 한다. 공실률이 나면 바로 손해이기 때문이다.

하지만 온라인 건물주는 관리비가 들지 않는다. 공실이어도 손해개념은 존재할 수조차 없다. 특정 포털 사이트에 입점한 개념의 카페라고 해서 월세를 내야 하는 것도 아니다. 오히려 활성화된 카페는 사이트의 적극적인 지원을 받을 수 있다.

카페에 앉아 노트북을 켜고 온라인 카페를 열면 디지털 노마드 업무의 시작과 같다. 글, 이미지, 영상 콘텐츠를 앉은 자리에서 만들 수 있고 여러 사람에게 도움이 되는 일을 할 수 있다. 수익도 자연스럽게 얻을 수 있다. 꼭 지옥철을 타고 출근해서 남의 일을 하며 한 달 월급에 목매어서 살아갈 필요가 없다. 내 플랫폼이 나의 분신이 되고 오른팔이 된다. 온라인 카페를 바른 방향으로 육성하게 되면 사람 간의 관계도 돈독해진다.

정보를 얻고 싶고 배우고 싶은 카페 회원들과 진심으로 소통하고, 그들이 원하는 것을 전해줄 수 있다는 것은 1인 지식기업가의 소명과도 같다.

이 일은 편의점에서 과자나 껌을 소비자에게 판매하는 개념과는 차원이 다르다. 함께 공부하며 성장하고 이끌고 당기고 도움을 줄 수 있기 때문이다.

카페를 키우면서 공부도 할 수 있다. 자신이 아는 것만으로 온라인 카페에 수많은 정보를 채울 수 없기에 참고문헌도 참조하고, 세미나에 참석해 양질의 정보를 얻어 공유하기도 한다. 카페 운영자가 열심히 손품과 발품을 팔면서까지 좋은 정보를 아낌없이 나눈다는 것을 인지한 많은 회원들은 같은 방향을 바라보는 동반자가 될 수 있다.

나 또한 1인 지식기업가, 유튜버, 작가를 꿈꾸는 사람들을 위해 양질의 지식을 나누는 네이버 카페 '한국 지식창업 책쓰기협회'를 운영 중이다.

수년간 운영하며 함께 꿈을 꾸고 나아가는 사람들이 많아졌고, 말 그대로 인맥을 넘어 '꿈맥'이 될 수 있었다. 많은 사람들의 요청으로 카페 육성법과 수익화 방법에 대한 재능나눔 강의를 시작했고, 수요가 몰려 책쓰기 강의를 듣는 수강생들에 한해 재능기부 차원에서 무료 강의를 제공하고 있다. 온라인 카페에 대한 코칭을 진행하며 내가 가장 강조하는 것은 다음 두 가지다.

첫째, 온라인 플랫폼 중 가장 성실히 임해야 할 필요가 있다.

인스타그램, 페이스북에 비견할 바가 아니다. 온라인 카페는 성실함의 대명사라 불리는 사람도 육성하기가 녹록하지 않은 시스템을 가지고 있다.

몇 개의 글을 끼적인다고 카페가 활성화되지 않는다. 카페에 사람들이 가입하는 이유는 정보를 얻기 위해서다. 이 정보를 제시간에, 정기적으로 전달할 수 있는지 끊임없이 고민하고 상기해봐야 할 이유다.

하지만 반대로 한번 갖춰지기만 하면 스스로 움직이는 시스템이 되어 가장 강력한 플랫폼으로 형성된다. 내가 직접 움직이지 않아도 유기체처럼 수익이 발생되고 누군가에게 도움이 되는 플랫폼으로 변화한다. 이 이면에 성실함은 가장 바탕이 되면서 강력한 힘이 된다.

둘째, 사람 간의 관계를 우선시한다.

내가 카페 매니저라고 해서 회원들 위에 군림해서는 안 된다는 철칙을 가져야 한다. 평등한 조건에서 시작하고 한 사람 한 사람의 목소리에 귀를 기울여야 한다.

카페를 만들고 소유했다고 해서 사람을 소유하는 것은 아니다. 모든 일이 마찬가지지만 소수의 목소리, 불만의 목소리에 귀를 기울일 필요가 있다.

나만의 일방향 플랫폼인 인스타그램과는 성격 자체가 다르니 유의해야 한다. 회원 한 명 한 명이 소중한 관계 자체이고 운영자 또한 그들의 자산이 되어야 한다는 마음으로 관리에 임해야 한다.

온라인 카페는 수익화로 롱런하기 가장 쉬운 플랫폼이

지만, 진정성이 발휘되지 않을 때 한 번에 무너지기 가장 쉬운 플랫폼이기도 하다. 사람 간의 관계가 어떠한가에 따라 좌지우지된다.

1인 지식기업가는 회사 건물이나 공장이 필요 없다. 노트북이 펼쳐지는 곳이면 어디서든 일할 수 있지만 노트북 속에 회사가 존재는 해야 한다.

온라인 카페는 스스로 움직이는 유기체처럼 회원들과 운영자가 합이 맞을 때 엄청난 시너지를 만들어낸다. 매월 월세처럼 협력업체가 내는 입점비가 통장에 들어오고, 내가 공유한 양질의 지식과 정보로 회원이 도움을 얻으며, 운영자 자신 또한 카페를 키우며 성장할 수밖에 없는 이 시스템을 결코 포기할 수 없는 이유다.

5장 X 심화편

계속
업데이트되는 삶

28. 지속

패시브 인컴이 중요한 시대에 살아남는 법
—

불로소득이란 노동의 대가로 얻는 임금이나 보수 이외의 소득을 지칭한다. 이자, 배당, 임대수익 등을 말한다. 직장인시절에는 '불로소득'이라는 단어를 들으면 어감이 그리 썩 좋지 않게 느껴졌다. 노동을 하지 않고 어디선가 대충 운 좋게 돈을 버는 찝찝한 그림이 그려진다고나 할까.

그때는 내가 7시간 동안 일했으면, 그 일한 시간에 비례해 일당을 곱해 정산 받는 시스템이 너무나 당연하게 느껴졌지만 이제는 불로소득이 필수라 여기고 있다.

더 이상 소득은 노동시간에만 비례해 벌어야 하는 게 아니라는 걸 깨달은 지도 오래되었다. 오히려 불로소득은 지식기업가와 떼려야 뗄 수 없는 필수 소득처라고 할 수 있다.

불로소득은 나의 노력과는 별개로 움직이는 수익창출 시스템이다. 바꿔 말하면 지속적 소득, 바로 '패시브 인컴 Passive Income'이다. 직장에 다닐 때 패시브 인컴 시스템을 마련하고자 분주히 움직였다. 지속적 소득의 목적은 명확했다. 사람은 나이가 들수록 근로 생산성이 급격히 떨어진다.

엄밀히 말하면 조직 시스템이 근로 생산성을 체크해 그 대상의 현재와 미래가치를 연봉수치로 감별을 하기 때문에 대비가 필요했다. 나는 근로 생산성이 떨어지는 시점이 오기 전에 패시브 인컴으로 완화시켜야겠다는 생각뿐이었다.

'레버리지'란 지렛대를 말한다. 패시브 인컴을 위해서는 레버리지가 필요하다. 활용할 수 있는 레버리지는 크게 두 가지 요소가 있다. 돈, 지식과 경험이 그것이다.

첫째, 돈으로 레버리지를 할 수 있는 것은 부동산과 사업이 있다. 대출금을 활용해 경매시장에서 시세보다 낮은 가격으로 낙찰 후 자산을 증식시킬 수 있다. 매수 후 매도를 통해 차익을 남기거나 임대수익을 목적으로 할 수 있다.

그런데 대출을 전혀 받지 않고 현금만으로 집을 사는 경우가 거의 없음에도, 투자로서 레버리지를 활용하는 데는 적극적이지 않은 경우가 많다. 수중에 없는 것을 가능하게 만드는 모든 분야에는 리스크가 존재한다. 패시브 인컴은 리스크를 활용할 때 발생한다. 이를 이루기 위해서는 노력이나 돈이 필요한데, 부동산과 사업은 자금이 필요하다.

이 자금의 비중을 줄여줄 수 있는 또 다른 지렛대가 지식이고 경험이다. 리스크를 줄여주는 것도 이 지식과 경험인데 이는 공부로 보충할 수 있다. 현재 내 통장계좌로 들어오는 패시브 인컴의 종류는 다음과 같다.

- 사업소득
- 저작권 인세
- 온라인 동영상 저작권료
- 유튜브 동영상 수익
- 임대 월세 수익
- 주식

이 시스템을 마련하는 데 수천만 원의 돈이 들었을까? 아니다. 지식과 경험이 자본의 전부였다. 더 필요한 것은 절실함이다. 책을 쓰기 위해 새벽 4시에 일어났고, 초기 사업 거래처를 만들기 위해 하루에 100개의 메일 제안서를 썼다. 온라인 동영상을 마음에 들 때까지 수없이 재촬영하기도 했고, 임대수익을 내기 위해 5시간 거리도 마다 않고 물건지(부동산 소재지)에 출근하다시피 했으며, 돌아와서는 공부를 했다.

자정에 잠들더라도 공부를 하고 싶어 새벽 3시에 일어났다. 패시브 인컴은 초기에 세팅해놓으면 알아서 굴러가는 시스템이기 때문에 내 일을 꾸리고자 하는 열정이 몰입하게 만든다. 뭔가 얻기 위해서는 포기도 필요하다. 하나라도 잃지 않으면서 많은 것을 얻으려는 것은 욕심이다.

부동산 공부를 수백만 원 들여 배울 필요가 있을까? 물론 시중에는 그런 강의도 존재한다. 혼자 해내지 못하는 사람도 있기 때문이다. 부동산 강의 요청이 간혹 오지만 손사래를 치며 말한다.

"정말 배우고 싶으시면 제가 운영하는 스터디부터 도전해보세요."

패시브 인컴을 권유하지만 자신에게 맞지 않는 분야도 존재하기에 우선 맛을 보는 것이 중요하기 때문이다. 패시브 인컴 시스템을 구축하려면 다음 사항을 면밀히 검토해보는 것이 좋다.

1. 패시브 인컴 중 한 분야를 정할 것
2. 3개월간 지속적인 공부를 해볼 것
3. 4개월째에 실행을 해볼 것
4. 혼자 어렵다면 스터디에 참여할 것
5. 시간만 계속 흘러가고 있다면 관련 강의를 들을 것
6. 결과를 냈다면 1번으로 돌아가 다른 분야를 확장할 것

1인 지식기업가에게 패시브 인컴은 절대자본과 마찬가지다. 갖춰지지 않으면 다른 프리랜서나 자영업자와 다를 바 없다. 내가 잠을 자고 있어도 미팅 중이어도 나와는 별개로 움직이는 수익 시스템이 마련될 때 시간, 공간, 돈에서 자유로운 인생이 시작될 것이다. 이 시작을 위해 오늘 내가 무엇을 하고 있는지 점검해볼 시기다.

29. 투자

지식창업 최대의 투자처는 바로 자신
—

적금을 들 때 확정된 이자는 안정적인 금리를 보장하지만, 그 금리 자체가 낮아 투자의 개념이 아닌 자산의 현상 유지에 목적을 두고 있다.

1%대 금리가 현실화된 시대이다. 그만큼 투자 대비 수익률이 현저히 낮다는 얘기다. 투자에서 자유로운 사람은 없다. 눈에 보이는 안정성을 택하느냐, 리스크를 얹어 더 많은 것을 얻어내려 노력하느냐, 그 차이가 있을 뿐이다.

우리는 사실상 태어나면서부터 투자가 시작된다. 전혀 경제생활을 하지 못하는 청소년기에 부모의 투자를 받고 알바를 하지 않는 이상 20년 가까운 생활 동안 경제적 지원을 받는다.

직장에 들어가면서 스스로 월급을 받으며 생활비를 제외한 금액으로 이것저것 투자에 나선다. 주식, 부동산, 비트코인을 해보다가도 여의치 않으면 다시 안전자산인 적금에 눈을 돌리기를 반복한다.

그렇게 옅은 깊이의 공부에 열정은 식고 월급은 따박따박 나오기에 투자가 뜸해지기 시작한다. 점점 투자에 인색해지고 현상 유지에 익숙해져간다.

지식기업을 운영하며 투자는 일상이 되었다. 외부에 투자를 하는 것이 아닌 나 자신에게 투자하는 개념이다. 주식은 외부 회사에 투자를 하지만, 지식기업은 '나'라는 회사에 투자를 하고, 내 콘텐츠에 투자를 한다.

주식은 남의 회사 지분을 보유하지만 지식기업의 투자는 진짜 내 지분을 확보한다는 차이가 있다. 매년 한두 권의 책을 집필하면서 내 콘텐츠를 확보하게 되는데 학생이나 직장인일 때 졸업이나 승진을 위해 꾸역꾸역 하던 공부와는 질적으로 다르다.

어떤 독자와 만나게 될까 설레기도 하고, 내가 생소한

분야는 논문과 사례를 참조하며 내 것으로 만드는 과정이 펼쳐진다. 한두 권씩 책의 필모그래피가 쌓일수록 나를 찾는 사람도 많아진다.

내가 하고 싶은 이야기를 글로 옮기는 일임에도 독자에게 도움이 되고 오프라인 강연에, 팟캐스트, 라디오 게스트로 초대받게 된다.

무리하게 수익률을 내려고 위험한 주식에 투자하는 것이 아닌, 그저 마음 내키는 대로 내게 시간과 노력을 투자했음에도 인생에 찾아오는 수익률이 상당히 높다.

일주일 뒤에 있을 동기부여 강연을 준비하기 위해 책상 위에서 즐거운 고민을 한다. 어떤 사례로 청중과 소통을 할지 콘텐츠를 업데이트한다. 강연 당일 쏟아내는 것은 하루 이틀 투자했던 에너지다.

내가 하고 싶은 말, 도움 되는 이야기를 할 뿐임에도 그날 강연 모습을 찍은 청중들이 인스타그램에 사진을 올려준다. 글이든 말이든 철저히 나에게 투자함에도 쌍방 간에 피드백이 생긴다.

일을 할수록 사람들과 관계가 공고해지고 이는 상대방

에게도 이익을 주고 내 자신에게도 내적 성장이라는 결실을 맺게 해준다.

하지만 반대로 보면 시간을 투자한 수강생이나 독자, 유튜브 구독자에게 투자 대비 이익을 줄 수 있어야 한다는 것이다. 생필품을 구매하는 소비자에게 현물을 주는 기존 창업자와의 차이는 여기에서도 나타난다. 편의점에서 생필품을 구매하는 소비자는 돈 대신 현물을 얻지만 지식창업의 대상은 눈에 보이지 않는 성장을 얻기를 원한다.

일주일에 한 번은 콘텐츠 발행을 쉬면서 오롯하게 나에게 집중한다. 나의 성장과 상대방의 성장을 함께 모색할 수 있는 콘텐츠를 준비하기 위함이다.

최근에 기획한 '드림마스터 멘탈수업'은 모집 하루 만에 60석 만석이 되었다. 내가 겪었던 심리적 부침과 이를 이겨낸 심리기법을 연구해 프로그램을 만들었고, 그대로 론칭했다.

경험과 콘텐츠의 결합본이 정규 프로그램이 되었고 강의를 할수록 나 또한 심리적으로 단단해지고 상대방의 성장도 느낄 수 있었다.

이 프로그램을 만드는 데 얼마나 많은 자본이 들었을까? 금전적으로는 0원에 가깝다. 내 콘텐츠에 대한 연구와 시간 투자가 자본을 대체했다.

이 세상에 투자할 대상은 많다. 주식, 부동산, 비트코인. 공부만 열심히 하면 리스크를 안더라도 해낼 수 있다. 하지만 리스크가 제로에 가깝지만 투자 수익률은 5배 가까운 것이야말로 나에게 투자하는 지식창업이다.

하다못해 콘텐츠를 발행했는데 수익이 따라오지 않더라도 내게 남는 자산이 된다. 지식과 경험이 풍부해질수록 자본은 공고해지고 내가 만들어가는 지식기업의 주가는 올라갈 수밖에 없을 것이다.

30. 지배

시간을 지배하는 사람, 1인 지식기업가
—

나이가 한 살 두 살 늘고, 직장인에서 사업가로 업무가 바뀜에 따라 시간의 중요성을 체감하고 살아간다. 예전에는 흔히 듣는 '시간이 금이다'라는 말이 이렇게 절실하게 느껴진 적이 없다.

사람은 대부분 누군가에게 시간을 할당받아 일하거나 자신이 조율해서 살아간다. 그럼에도 시간의 속성을 들여다보면 이만큼 솔직한 것이 없다. 모두에게 24시간은 공평하게 주어지기 때문이다.

누군가는 10시간씩 일해야 하고, 누군가는 3시간만 일하므로 공평하지 않다는 생각이 들기도 하겠지만 애초에 시간구조를 선택한 것은 자신이다. 시간의 절대량이 똑같이 주어짐에도 우리는 너무나 판이하게 살아가고 있다.

사람은 시간에 대한 이중적인 면모를 가지고 있다. 한쪽 면에서는 어떻게든 빨리 시간을 단축시키려고 돈을 투자한다. 버스보다 빨리 가려고 택시를 잡고, 오래된 컴퓨터 속도에 화가 나 서핑을 하며 신용카드를 집어든다.

셀프인테리어를 해도 되지만 귀찮고 시간을 구매하기 위해 돈을 지불하고 업자를 고용한다. 입주 청소를 본인이 해도 되지만 볼일이 있어 청소업체와 계약한다.

불편을 느끼는 것들이 많을수록 돈을 지불해 시간 간극을 메꾸려고 한다. 반면에 자신의 게으름에 대해 수없이 바꾸려고 해도 침대에서 눈만 뜬 채 발가락을 까딱까딱하고 있는 자신을 발견하기도 한다.

새해 한두 달만 반짝한 채 도전과 꿈에 대한 열정은 식어간다. 그 상태가 마음에 들면 그대로 하면 되지만 마음에 들지 않아 하면서도 시간이라는 자원이 빠져나가는 것에는 무감각하게 지내고 있다.

시간을 돈으로 구매하려고 아등바등하면서도 정작 자신이 가진 시간 자원이 새나가는 것에는 별 감흥이 없다. 시간이 유한자원이라 느끼지 못하기 때문이다.

1인 지식기업가에게 시간의 중요성은 돈이라는 수치 그 이상이다. 초기에는 모든 걸 자신이 꾸려야 하기 때문에 낭비되는 시간이 늘어날수록 초석을 다지는 기간이 한없이 유예된다.

거래처도 없고, 수익처도 불안하고 불분명하며, 브랜딩도 되지 않아 나를 찾는 사람도 없는 1인 지식기업가는 영세 자영업자, 프리랜서와 같다. 빠르게 자리를 잡으려면 초기자본에 대한 부담감은 없을지라도 최소한 시간에 대한 부담감은 안고 시작하는 것이 맞다.

효율적으로 시간을 쓰는 것은 기술적으로만 극복 가능한 영역이 아니다. 마인드로 극복 가능한 영역이다. 아무리 휘황찬란한 다이어리에 계획을 잡은들 스스로 정했던 약속은 마음이 동하지 않으면 무용지물이다.

디지털카메라를 켜보면 화면 한쪽에 배터리 눈금이 표시된다. 5칸 중 2칸 반이 남았다면 50%가 소진된 것이다. 디지털카메라는 충전기에 꽂아 다시 100%로 만들 수 있다. 하지만 사람의 시간은 절대 충전하지 못한다.

나이가 40살이라면 100세 기준 40%가 차감되어 날아가고 60%가 남은 것이다. 절대 61%가 될 수 없다. 몸에 배터리 표시가 있다고 상상해보면 '너 어제보다 1% 배터리눈금이 떨어졌어!'라고 웃으며 이야기할 수 있을까.

눈에 보이지 않는다고 해서 진실이 아닌 것이 아니다. 눈에 보이지 않아도 진실은 그 시간대로 째깍째깍 움직이고 소진되고 있다. 이것을 알아채고 삶에 적용하느냐, 그대로 흘려보내느냐 차이가 있다.

내 일을 하는 요즘은 아침에 눈을 뜨는 순간이 즐겁다. 누가 스트레스 주지도 않고 내가 투자하는 만큼 결과가 나온다. 무리이다 싶으면 노트북을 닫고 훌쩍 여행을 떠날 수도 있다.

몇 시간 충전 후 컨디션이 돌아오면 노트북만 열어도 할 수 있는 일들이 많다. 신간 원고를 다듬고, 팟캐스트 녹음을 하고 유튜브 더빙을 한다.

제휴한 온라인 강의 사이트에 들어가 수강생들의 질문에 흔쾌히 답하고 소통한다. 메일을 열어보면 강의, 광고제휴 의뢰 건들이 쌓여 있다. 일을 찾지 않아도 고맙게도 일이 스스로 찾아온다. 취사선택을 할 수 있는 여유도 생겼다. 시간적으로도 여유가 있고 골라서 일을 할 수 있음에도 직장인시절보다 몇 배의 수입을 올릴 수 있음에 감사한 하루가 펼쳐지고 있다. 물론 이러한 시스템을 만드는 데 단 며칠이 소요된 것은 아니다.

그렇기에 더 값지다. 이제는 나처럼 시행착오를 겪지 않도록 1인 지식기업 양성 강의를 하며 수강생의 시간을 벌어주는 데 보람을 느끼는 시간까지 더해졌다.

평범한 직장인에서 많은 변화가 일어났고 내가 원하던 삶의 방향으로 인생을 이끌면서 지난 시간을 돌아보면 소름이 돋는다. 다음과 같은 생각들 때문이다.

"내가 그때 결단을 내리지 않았다면."
"조금 더 참고 인내하지 않았더라면."
"할 수 있다는 자신감을 버렸더라면."
"누군가 정해준 내 가치에 고개만 끄덕였다면."

살아가면서 바뀌고 조금 더 나아지고 싶은 마음이 든다

면 자신의 선택에 소름이 돋는 경험은 꼭 필요하다. 그만큼 도전했고 결과를 낸 것과 일맥상통하기 때문이다.

어떤 사람은 말한다. 시간을 들여 많은 노력을 해도 보상이 항상 생기는 것은 아니라고. 틀린 말은 아니다. 포기하지 않는다고, 도전한다고 해서 모든 것이 주어지진 않는다. 하지만 그럼에도 결과를 얻을 확률을 높이기 위해서는, 시간을 효율적으로 쓰는 지배자가 되어야만 한다.

31. 브랜딩

결국, 휴먼 브랜드
—

근 10년 사이 시대의 양상이 정말 많이 바뀌었다. 전 국민을 미니홈피와 미니미로 대동단결시켰던, 영원할 것만 같았던 싸이월드 제국이 무너졌다.

전화통화와 문자메시지로 양분되던 커뮤니케이션 방식은 카카오톡이 등장하며 달라졌다. 전화량은 줄고, 문자기능은 역사 속으로 사라지고 있다.

게다가 스마트폰이 등장했고 파워블로그의 위상이 무너짐과 동시에 유튜브의 위상이 커졌다. 유튜버 '박막례 할머니'를 만나기 위해 구글 CEO가 직접 움직였다. 예전 같으면 상상도 못할 일이다.

이렇게 콘텐츠 생산자와 콘텐츠 소비자가 한데 뒤섞여

살아가는 요즘, 우리는 개인의 영향력이 점점 커지고 있다는 데 주목할 필요가 있다.

평범한 직장인, 전업주부, 대학생들, 초보 유튜버를 위한 퍼스널 브랜딩 강의를 진행하면서 항상 강조한다. 스스로 어떤 사람이길 바라는지, 어떤 사람으로 보이길 바라는지 끊임없이 물어야 한다고 말이다.

1인 지식기업가는 내 대신 일하며 수익을 자동 발생시키는 플랫폼을 활성화시키고, 브랜딩된 삶을 추구한다. 누군가에게 잘 보이려고 내 능력치를 자랑하는 것이 브랜딩이 아님을 인지하고, 내 본연의 모습을 어떻게 자연스레 상대방에게 인지시킬 수 있을지를 고민한다.

유튜브 입성 며칠 만에 수백만의 구독자수를 확보한 백종원은 '요리비책'이라는 요리전문채널로 요리사 이미지를 구축했다. 그의 본업은 사업가다. 그럼에도 현재는 요리사 이미지를 포함해 연예인 이상의 인기를 누리고 있다. 하지만 그 스스로도 이야기한다. 자신은 요리사도 아니고 자신보다 요리를 더 잘하는 사람들이 훨씬 많다고.

이러한 현상은 갈수록 많아지고 있다. 우리 대부분은 소수의 천재를 빼고는 비슷비슷한 능력을 갖추고 있다. 가령 비슷한 능력을 가진 영어강사 2명이 있다고 해보자. 둘 다 비슷한 규모의 학원에서 일하고 있다.

그런데 한 사람은 학원에서만 강의를 하고 있고, 또 한 사람은 학원 강의 외에 책도 쓰고 유튜브도 하면서 자신의 능력치를 추가로 내보이고 있다.

대중은 이 두 사람을 똑같은 능력치를 가진 사람이라고 인지하지 않는다. 내보이고 드러내고 노출하는 사람에게 더 가중치를 두고 반응할 수밖에 없다.

20만 구독자를 보유한 글쓰기 유튜버가 가장 글쓰기를 잘하는 사람일까? 50만 구독자를 보유한 헬스트레이너 유튜버가 운동 실력이 가장 좋을까?

더 뛰어난 재야의 고수들이 많겠지만, 그들은 자신을 드러내지 않았기 때문에 우리가 알 수가 없다. 자신을 드러내고 가치를 내보일 수 있는 최적화된 세상과 맞물려 있어야 하는 이유다.

특히 소셜미디어와 온라인 플랫폼과 맞물려 개인의 영향력이 비약적으로 높아지고 있는 만큼 대기업 브랜드가 사업자도 아닌 철저한 개인 유튜버에게 수백만 원 단가의 광고를 제안하고, 거대 포털 사이트가 중소기업 출신 퇴사자에게 광고제작 및 참여를 의뢰하고 있는 시점이다.

단순히 회사 대 소비자로 만나는 시대가 점점 저물고, 퍼스널 브랜딩이 된 회사의 대표나 직원이 직접 소비자와 만나고 있다.

강아지의 마음을 읽어주는 콘텐츠를 내보이고 있는 한 동물훈련사도 퍼스널 브랜딩이 되지 않았을 때는 같은 콘텐츠를 내보여도 별다른 주목을 받지 못했다.

하지만 점차 인지도를 쌓고 퍼스널 브랜딩이 됨과 동시에 콘텐츠에 대한 신뢰가 쌓이기 시작했다. 실력 면에서 1등일지 아닐지는 알 수 없지만 대중이 인지하기에는 가장 먼저 떠오르는 훈련사로 각인되어 있다.

이제 유명한 사람들만이 아닌 우리도 퍼스널 브랜딩을 할 수 있다. 조직 없이도 자본 없이도 자신의 경험, 지식,

철학, 노하우만으로 개인의 영향력을 펼칠 수 있는 최적의 시대다. 당신도 이제 뛰어들어볼 차례가 아닐까.

글을 써보지 않았는데, 누구 앞에서 말을 해보지 않았는데, 대부분 이런 생각의 장벽을 치고 움직이기 어려워하지만 지금 누군가에게 이야기를 건네고 있는 사람 또한 마찬가지였다.

처음부터 1인 기업가, 작가, 유튜버였던 사람은 없다. 어딘가에서 글을 쓰면 작가가 되고, 영상을 만들면 유튜버가 되고 이러한 일련의 활동을 하게 되면 1인 지식기업가가 되는 것이다. 최소한 이곳에서 '원래부터'라는 말은 없다.

32. 가치

지식기업은 진짜 나를 찾는 과정
—

사람은 자신의 가치를 확인하기 위해 살아간다고 해도 과언이 아니다. 자신의 능력, 외모, 성격, 재력 등 모든 요소에 자신을 투영하려고 노력한다. 정도의 차이만 있을 뿐이다.

돈을 벌고 싶고 외모도 뛰어나면 좋겠고 이왕이면 성격도 무난하고 재력도 갖췄으면 한다. 여기다 사람들이 한 가지 더 얻고 싶은 요소 중에 '영향력'이 있다. 직장에 다니면서 이 영향력에 대해 많은 생각을 했고 나의 영향력을 갖추기 위해 어떤 걸 할 수 있을까 고민이 많았다.

상사나 생산자를 비롯한 누군가에게 지시를 받고 항상 영향만 받고 살아가는 입장에서 나의 가치를 내보일 수 있는 상황을 만들고 싶었다. 내가 가진 지식, 생각, 경험, 노하우, 철칙 그대로가 누군가에게 도움이 되는 삶. 이 영향력을 갖출 때 비로소 완성에 가까워진다. 단, 이 영향력을 누군가의 위에서 군림하는 권위의식으로 오해하면 나락의 길을 걷게 된다.

사람들은 대부분 자신의 영향력에 대한 착각을 해 실수를 범하곤 한다. 특정 교과의 교수라면 그 분야에 있어서만큼은 학식 면에서 영향력을 가지고 있지만, 자신보다 지위가 낮은 조교수를 유린할 대인적 영향력을 갖춘 것이 아니다.

CEO라면 회사를 창업하고 꾸려나가는 능력은 인정할지라도 갑질로 사적인 영역에서 직원을 괴롭힐 영향력은 갖추지 않았다. 자신이 펼칠 수 있는 한정된 범위를 망각하고 벗어나 영향력을 그릇되게 과시하는 사례가 빈번하다.

내가 수년간 지식기업가로 살아가며 추구하는 영향력은 동반성장과 맥락을 같이한다. 그래서 비용 없이 자신의 업을 만들어갈 수 있는 온라인 스터디와 재능기부 강사 모임을 만들어 누구나 재능을 펼칠 수 있는 터를 마련해 운영하고 있다.

나 또한 초기에 주위의 도움을 받았던 것을 하나씩 풀어놓는 개념이다. 물이 항상 급경사 위에서 아래로 흐르는 것은 아니다. 비슷한 환경에서 조금 더 깨달은 사람이 미처 깨닫지 못한 사람들과 함께 갈 수 있다.

능력이 부족한 사람에게 내 능력이 뛰어나서 영향을 끼치고 있다고 보지 않는다. 무지몽매한 누군가에게 지식을 전달하는 것이 아닌, 미처 한쪽 면을 바라보지 못한 사람의 등을 두들겨 인사하는 느낌으로 글을 쓰고 강연을 하고 영상을 제작하며 스터디를 함께하고 있다.

'좋은 글을 읽었다', '좋은 강의를 들었다' 등 감사 메시지를 많이 받지만 이를 당연시할 때 자신이 혼자 모든 것을 일궜다 착각에 빠지기 쉽다. 인스타그램 DM(다이렉트 메시지)로 수도 없이 많은 메시지가 온다. 고민 상담부터 강연 후기를 들려주는 독자들도 있다.

어느 한 팔로워는 내 책과 유튜브 영상을 보고 열심히 인생 2막을 준비해 직장을 그만둘 용기가 생겼다고 한다. 내 영상을 보고 글쓰기에 도전을 한다거나 직장을 그만둔다는 말에 책임감을 느낄 때도 많다.

스스로 준비는 많이 했겠지만 그럼에도 내가 어떤 영향을 끼치고 있다는 생각에 더 신중해지기도 한다. 이러한 마음이 부담스럽다기보다는 고마운 일이고 기분 좋은 책임감이 든다. 상대방이 없으면 나도 없고 내 글을 읽을 독자가 없다면 작가도 존재할 수 없고 청중이 없으면 강연가도 존재할 수 없기 때문이다.

지식기업가로 산다는 것은 단순히 눈에 보이는 공산품이나 재화를 판매하는 업이 아니다. 상대방의 성장을 도모하고 나 또한 업데이트되는 영속적인 업을 해나가는 것이다.

수십 년간 업을 해도 내 인생을 사는 것 같지 않고 남의 일을 하는 기분이 드는 것과는 결이 다르다. 내가 하고 싶은 말을 할 뿐임에도, 내가 만들고 싶은 콘텐츠를 세상에 흩뿌림에도, 긍정의 피드백을 받고 대가도 생긴다.

누군가 규정해주는 내 가치가 아닌 나 스스로 만들고 상대방에 의해 자연스럽게 본인의 가치가 느껴지는 삶이 콘텐츠 생산자, 지식기업가의 일상이다.

1인 지식기업가를 꿈꾸는 당신에게

——

Q _ 직장에 다니면서 제2의 업을 이룰 수 있었던 원동력은 무엇이었나요?

A _ 변화에 대한 갈망이었습니다. 누군가 규정한 삶이 아닌, 으깨지고 넘어지더라도 내 스스로 부가가치를 창출하고 시간과 공간에서 자유롭게 살고 싶었던 마음이 크게 작용했어요.

Q _ 1인 지식기업가의 삶, 단점과 장점을 알려주세요.

A _ 단점은 여러 수익화 루트를 만들어내지 못하면 시간 많은 백수가 될 수 있습니다. 초반에 무너질 수도 있습니다. 장점은 시간적 자유와 성취감, 보람의 크기가 상당히 큽니다.

Q _ 1인 지식기업가가 되기 위한 가장 큰 소양이나 덕목
은 무엇일까요?

A _ 콘텐츠 제작을 하는 기술적인 면에서는 글쓰기를
꼭 연습하고 배워야 합니다. 시대가 변해도 글쓰기
가 지식기업가의 가장 큰 무기입니다. 또 상대방과
소통하고 피드백을 나눌 줄 아는 자세와 사람을 대
하는 진정성이 롱런할 수 있는 비결입니다.

Q _ 수입이 지금보다 낮아지더라도 지식기업가의 삶을
살아갈 것인가요?

A _ 변함이 없을 것입니다. 수입이 낮아지더라도 어떻
게 수입을 늘릴 수 있을까 고민하는 시간도 소중합
니다. 직장인일 땐 어떻게 아껴 쓸까 고민이었지만,
지금은 소비보다는 어떻게 수입을 늘릴 수 있을까
생산적인 생각을 하는 것 자체가 생각 전환이 된 것
같아요.

Q _   1인 지식기업가를 꿈꾸는 직장인들에게 경험자로
서 하고 싶은 이야기가 있을까요?

A _   직장에서 규정하는 나의 가치가 작게 느껴진다면,
자신의 진짜 가치를 한 번은 찾아 나설 필요가 있습
니다. 자신의 일을 해야 할 시기가 한 번은 오는 시
대에 살고 있으니까요.

직장 안이라서 안전하고, 직장 밖이라서 위험할 이
유는 없습니다. 자신이 어떻게 대처하느냐의 차이
일 뿐입니다. 나쁜 경험은 없습니다. 지금 얻고 있는
모든 경험을 소중한 자산으로 생각하고 조금씩 성
장해나간다면 내 업과 이어질 수 있습니다.

또 무엇보다 사람과의 관계가 최대 자산임을 잊지
않고 자신의 영역을 넓혀간다면 어떤 일이든 롱런
하게 될 것이라 믿습니다.

Q _ 지식기업가의 삶을 살아가는 데 도움이 되었던 책
이 있었나요?

A _ 나폴레온 힐의 《결국 당신은 이길 것이다》와 비셴
락히아니Vishen Lakhiani의 《비범한 정신의 코드를 해
킹하다 The Code of the Extraordinary Mind 》를 추천합니다.
팀 페리스Tim Ferriss의 《나는 4시간만 일한다The 4-Hour
Workweek》도 읽어보면 좋습니다.

1인 지식기업가를 목표로 하는 직장인을 위한
저자의 온라인 플랫폼 소개

—

'한국 지식창업 책쓰기협회'
네이버 카페에서 제공하는 프로그램
(URL : https://cafe.naver.com/caroline0)

1. 재능기부 강의·컨설팅

- 1:1책쓰기 실전코칭과정

- 1인 지식기업가 실전과정
  무자본·무스펙으로 월급 외 수익
  300만원 벌기

- 드림마스터 멘탈수업

- 유튜브 실전코칭과정
  기획·연출·이미지편집·동영상편
  집·수익창출 조건 맞춤교육

- 지식창업 1:1 컨설팅
  책쓰기, 유튜버, 퍼스널브랜딩 1:1 종
  합 점검·방향 설계

2. 온라인 스터디

- 온라인 아웃풋 독서모임

- 미라클모닝 새벽기상모임

- 30일 온라인 글쓰기

- 운동하는 사람들

"

모두 다 갖춰서 시작한다는 것은
이미 시작이 아니다.

– 유튜브 공동창업자 스티브 첸 *Steve Chen*

"

66

'원래부터'라는 말은 없다.
어딘가에서 글을 쓰면 작가가 되고,
영상을 만들면 유튜버가 되고,
이러한 일련의 활동을 하게 되면
1인 지식기업가가 되는 것이다.

99

"

지식기업가는 철저히
자신의 경험을 재료로
스스로 업을 만들어가는 사람이다.

"

"

스스로 가치를 만들고 인정받는 삶.
시간과 공간, 돈에서 자유로운 삶.
이것이 지식기업가의 일상이다.

"

월수입 3,000만원 1인 비즈니스

초판 1쇄 인쇄일 2020년 08월 29일
초판 1쇄 발행일 2020년 09월 03일

지은이 이종서
발행인 이정은
주간 이미숙
책임편집 정윤정
책임디자인 김지우
책임마케팅 송영우

발행처 홍익출판미디어그룹
출판등록번호 제 406-2020-000074 호
출판등록 2020년 7월 4일
주소 경기도 파주시 회동길 198 4층 1호(문발동)
대표전화 02-323-0421   **팩스** 02-337-0569
메일 editor@hongikbooks.com

제작처 갑우문화사

파본은 본사나 구입하신 서점에서 교환하여 드립니다.
이 책의 내용은 저작권법의 보호를 받는 저작물이므로 무단 전재와 무단 복제를 금합니다.

ISBN   979-11-9710-863-1(03190)

이 도서의 국립중앙도서관 출판예정도서목록(CIP)은
서지정보유통지원시스템 홈페이지(http://seoji.nl.go.kr)와
국가자료공동목록시스템(http://www.nl.go.kr/kolisnet)에서 이용하실 수 있습니다.
(CIP제어번호: CIP2020034383)